O Espírito de Deus Pairou Sobre as Águas

Orações para o Século XXI

Rose Marie Muraro (org.)

O Espírito de Deus Pairou Sobre as Águas

Orações para o Século XXI

EDITORA PENSAMENTO
São Paulo

Copyright © 2004 Rose Marie Muraro.

Todos os direitos reservados. Nenhuma parte deste livro pode ser reproduzida ou usada de qualquer forma ou por qualquer meio, eletrônico ou mecânico, inclusive fotocópias, gravações ou sistema de armazenamento em banco de dados, sem permissão por escrito, exceto nos casos de trechos curtos citados em resenhas críticas ou artigos de revistas.

Dados Internacionais de Catalogação na Publicação (CIP)
(Câmara Brasileira do Livro, SP, Brasil)

> O Espírito de Deus pairou sobre as águas : orações para o século XXI / Rose Marie Muraro (org.). — São Paulo: Pensamento, 2004.
>
> Vários autores.
> ISBN 85-315-1373-1
>
> 1. Cantos sacros 2. Orações I. Muraro, Rose Marie.
>
> 04-6836   CDD-248.32

Índices para catálogo sistemático:
1. Orações : Cristianismo 248.32

O primeiro número à esquerda indica a edição, ou reedição, desta obra. A primeira dezena à direita indica o ano em que esta edição, ou reedição, foi publicada.

Edição	Ano
1-2-3-4-5-6-7-8-9-10-11	04-05-06-07-08-09-10-11

Direitos reservados
EDITORA PENSAMENTO-CULTRIX LTDA.
Rua Dr. Mário Vicente, 368 — 04270-000 — São Paulo, SP
Fone: 6166-9000 — Fax: 6166-9008
E-mail: pensamento@cultrix.com.br
http://www.pensamento-cultrix.com.br

Impresso em nossas oficinas gráficas.

Para Gilberto Mansur, que me salvou a vida várias vezes, e para sua esposa Mônica, cujo olho sensível é capaz de ver a obra de Deus com mais lucidez que a maioria dos seres humanos.

Sumário

Introdução ao Século XXI 11
O Espírito de Deus Pairou Sobre as Águas 11

Prefácio 13

Cânticos de Libertação 15
Páscoa em Nova York — Blaise Cendrars (1887-1961) 17
Oração do Abandono — Robert Kennedy 18
Oração no Harlem — Thomas Merton (1915-1968) 19
Figuras para um Apocalipse (nas ruínas de Nova York) — Thomas Merton 20
Oração por Marilyn Monroe — Ernesto Cardenal 22
Prece — Frei Tito Alencar de Lima — dominicano (1945-1974) 24
Eu Grito na Noite — Ernesto Cardenal 25
Salmo 22 — Ernesto Cardenal 26
Poema — Che Guevara 27
Ao Messias, no Natal — Fadwa Tugan 27
Caliban nas Minas de Carvão — Louis Untermeyer 29
Quem Sou Eu? — Dietrich Bonhoeffer (1906-1945) 30

A Oração do Negro 31
Oração para o Trabalho — Peulos ou Fulas — Senegal 33
Dá-nos Trabalho... — No cais de Dakar 34
Saudades da África — Estudante senegalês na Alemanha 35
Oração do Negro — Bernard Dadié 37
Embora a Virgem Seja Branca — Anônimo peruano 39

Oração para a Mulher 41
Canto da Noiva 43
Cântico dos Cânticos 43

Homem 45
Oração da Mãe que Espera o Filho 46
Oração da Segurança 47
Canção do Cotidiano 48
Só 49
A Mulher das Mil Faces (Oração da maturidade) 50
Medo 51
Pecado Original 52

Oração dos Primitivos em Extinção 53
Poema da Mãe Kolla — Atahualpa Yupanqui 55
Oração do Arco-Íris — Pigmeus — África Equatorial 57
Ação de Graças Depois da Caça — Caçadores Nyanga — Congo 58
Imprecação de um Zulu — Prece sul-africana 59
Canto Fúnebre — Denka — Baixo Nilo 60
Oração para Pedir Chuva — Beduínos muçulmanos do Saara 61
Oração a Mai-Ana — Altai — Sibéria 62
Oração da Macumba — Terreiros do Rio de Janeiro 63
Oração da Umbanda — Prece dos Centros de Umbanda — Brasil 64

Louvação das Criaturas 65
Oração de Noé — Cármen Bernos de Gasztold 67
Oração da Formiga 68
Oração da Girafa 69
Oração do Macaco 70
Oração do Porco 70

Uma Mística para o Século XXI 71
O Pescador de Pérolas — Swami Paramananda 73
Procurando Deus — Dadhú anônimo de Bengala 74
Conversão — Ernesto Psichari (1883-1914) 75
Tu me Enlaças, Senhor — Antoine de Saint-Exupéry (1900-1944) 77
O Medo Intercede pelo Homem — Georges Bernanos (1888-1948) 78
Eu Pertenço ao Dia — Dag Hammarskjöld (1905-1959) 79
O Meio Divino — Theilhard de Chardin (1881-1955) 80
Trovas ao Deus Sacramental — Leonardo Boff 81
O Vinho e a Taça — Leonardo Boff 82
O Outro — Leonardo Boff 83

Mística sem Deus 85
Oração Pedindo Fé — Anônimo 87

Senhor, Venho a Vós como um Menino — André Gide (1869-1951) 88
O Livro de Horas — Rainer Maria Rilke (1875-1926) 89
Que Farás Tu, Meu Deus, Quando Eu Morrer? — Rainer Maria Rilke 90
Se Existisse um Deus — Paul Valéry (1871-1945) 91
A Balada do Grande Companheiro — Ezra Pound (1885-) — contada por Simão Zelotes, algum tempo após a crucifixão 92

Oração de Paz 95
Prece de um Astronauta — Comandante Frank Borman, também pregador leigo da Igreja Episcopal de São Cristóvão, Houston, Texas, EUA 97
Oração pela Paz — Leopold Senghor 98
Visão da Paz — Maria Isabel Ferreira 99

Oração do Cotidiano 101
Oração da Manhã — Atribuída a São Francisco de Assis 103
Dá-me o Humor — Thomas Morus 104
Oração das Cozinheiras — Cecily Hallak 105
Oração do Lar — Movimento Familiar Cristão 106
Senhor, Dá-nos a Inteligência — Marie Noël 108
Não Recebi Nada do que Pedi — Oração de um atleta americano que, aos 24 anos, ficou paralisado e encontrou Deus no sofrimento 109
Oração para a Velhice — Teilhard de Chardin 110
Oração para os que Estão Envelhecendo — Santa Teresa D'Ávila (1515-1592) 111

Oração das Profissões 113
Servir — Gabriela Mistral (1889-1957) 115
Oração da Mestra — Gabriela Mistral 117
Salmo do Pintor — René Dionnet 119
Oração dos Artistas — Leon Adolphe Willette (1857-1926) 120
Oração do Palhaço — Robert de Montesquiou (1855-1921) 121
Oração do Dirigente de Empresa — Anônimo 122

Nossos Poetas Louvam a Deus 123
Eu, Pecador, Me Confesso — Miguel Torga 125
Ao Deus Desconhecido — José Régio (1901-1969) 127
Gládio — Fernando Pessoa (1888-1935) 128
Oração — Ismael Nery (1900-1934) 129
Poema do Cristão — Jorge de Lima (1895-1953) 130
Espírito Paráclito — Jorge de Lima 132
Religião — Mário de Andrade (1893-1945) 133
O Crucifixo — Manuel Bandeira (1886-1969) 134

Oração Secreta — Henriqueta Lisboa 135
Último Fragmento — Emílio Moura 137
O Desespero da Piedade — Vinicius de Moraes (1913-1978) 138
Convite para Renascer — Paulo Gomide 140
Soneto de Jó — Odilo Costa Filho 141
Nasceu-nos um Menino — João Cabral de Melo Neto 142

Introdução ao Século XXI

Espírito de Deus Pairou Sobre as Águas

Quando as trevas cobriam o Abismo
o meu espírito pairou sobre as águas
e Eu as fecundei e fiz delas a origem de toda vida.
E as águas se tornaram a base de toda a natureza que Eu criei.
Na terra, assim como no ar,
Eu fiz que nada existisse sem as águas
e o Tempo, o meu filho primeiro, foi seguindo o seu curso,
milênio a milênio.
E os seres vivos foram se sucedendo:
os que se arrastavam e os que voavam e os que andavam.
Até que chegaram os que pensavam
e neles Eu pus todo o meu amor.
Fiz os seus rostos resplandecentes
e nas suas mãos coloquei raios de fogo
e asas nos seus pés.
E, principalmente, mais do que tudo,
entreguei-lhes a minha filha predileta: a Liberdade.
E perdi o poder sobre eles,
o poder que tinha sobre as outras criaturas,
porque a Liberdade lhes dava esse poder
de criar e destruir como Eu mesmo fazia.
Tomei esse risco para ter com quem dialogar
e fazer com que tudo crescesse
e a vida desabrochasse.
Mas eles levantaram as suas faces contra mim.
E destruíram mais do que criaram,

até cometer o supremo pecado
de matar o Futuro, filho do Tempo com a Liberdade.
E violaram as águas de que tudo era feito.
E elas se tornaram envenenadas.
A Terra foi se tornando um deserto
e o ar foi se tornando irrespirável.
E, se dentre esses seres revoltados, como Lúcifer,
não surgirem seres livres capazes de ressuscitar o Futuro
e, com ele, a vida e a esperança, a Liberdade e o Tempo,
não terei outro remédio senão fazer com que as trevas
voltem outra vez a cobrir o Abismo.

Prefácio

Século XXI
Quando Deus precisa de nós

O século XXI que ainda mal começou traz dentro de si desafios que a humanidade jamais viu. O principal deles é a possibilidade concreta da destruição do meio ambiente humano. Mas é justamente a grandeza deste desafio que pode nos dar a medida das forças que todos carregamos dentro de nós.

É justamente neste momento que vamos poder saber com certeza se somos capazes de realizar tarefas impossíveis, isto é, altamente improváveis.

A própria vida é uma improbabilidade. Ela nasce num meio ambiente hostil em que nada deixaria prever até que ponto ela iria evoluir.

As primeiras moléculas levaram bilhões de anos para se formar, até evoluírem em seres microscópicos, as bactérias. E dentre estas evoluíram aquelas que ousaram produzir mutações que as tornaram seres mais complexos. Até hoje as bactérias são os mais numerosos seres vivos. Seu peso total é vinte e cinco vezes maior que o peso somado de todos os outros seres vivos! O grosso das bactérias ainda é igual às suas antepassadas de bilhões de anos.

E assim acontece com outros seres vivos. Os seres unicelulares continuam assim até hoje, mas os poucos que evoluíram viraram insetos, pássaros, mamíferos, todos enfrentando altíssimas improbabilidades de viver, e aí está a dimensão da vida em todo o seu mistério: os poucos que ousaram enfrentar o impossível abriram novos mundos e os que não ousaram continuam iguaizinhos aos seus antepassados.

Isso tudo serve para nos mostrar que o leque de possibilidades da vida é infinito e, para que ela evolua, é preciso que o ser se supere a si mesmo.

Outro exemplo é o do ser humano: ele era o macaco mais fraco. Teve que aprender a andar sobre duas pernas, a pensar, a falar, enquanto seus irmãos mais fortes continuam até hoje sobre as árvores.

E aqui podemos apelar para Deus. Hoje, a ciência já não acha impossível que a direção da vida tenha sido impressa nela mesma por um ser que abrange o universo e a quem todas as criaturas chamam Deus. É só consultar a física quântica ou a teoria da complexidade de Illya Prigogine para ver que as moléculas podem juntar-se de milhões de maneiras, mas só funcionam aquelas que têm chance de chegar a formas superiores de existência.

Vamos transferir isso para a nossa própria vida humana. Quanto maior a nossa ligação com Deus, mais teremos força de realizar coisas impossíveis. Um exemplo incrível disso foi a queda do Império Romano. Quando os cristãos foram para Roma evangelizar os povos, não encontraram quem os ouvisse: só os escravos, que viviam uma vida subumana. Eles organizaram esses escravos, deram-lhes amor, comunidade, sentido de vida.

Na segunda geração, ensinaram os escravos a ler. E ler, embora tivesse um custo zero, era um privilégio apenas de 2% da população romana. Logo os escravos foram se tornando aptos para conseguir os empregos menos qualificados do Império. Mas com o correr das gerações foram galgando posições cada vez mais qualificadas. E quando, duzentos anos depois, o imperador Domiciano fez a última perseguição aos cristãos, os mais importantes quadros do Império foram martirizados no Coliseu. Logo depois, o Império Romano, o mais forte e poderoso da antiguidade, desmoronava invadido por povos bárbaros.

Deus havia dado forças sobre-humanas para que esses cristãos conseguissem aquele impossível: minar de dentro para fora o mais poderoso dos Impérios.

Se neste século XXI tivermos ligação suficientemente poderosa com Deus, temos a certeza de que também podemos minar de dentro para fora a ação daqueles que, por ganância ou agressividade, estão destruindo os recursos naturais para que os ricos fiquem mais ricos e os pobres mais pobres.

Esses são os seres humanos que se acomodaram no possível, no repetitivo, naquilo que não exige esforço maior, que é a competição e a destruição. Os que, por serem ligados a Deus, dedicaram sua vida à tarefa impossível de viver a solidariedade e a cooperação e reverter esse processo, temos certeza de que, mesmo poucos, conseguirão esse impossível, porque sua força vem de Deus.

Daí a finalidade deste livro: trazer para você orações e místicas inteiras que possam fazer de você um multiplicador da força de Deus. Deus nunca precisou tanto de nós, da nossa liberdade e da nossa força interior como neste século XXI. E se você puder comunicar aos que o(a) cercam uma pequena parte dessa chama, estará sendo como o fogo que só vive se comunicando.

CÂNTICOS DE LIBERTAÇÃO

Tanto de dentro da civilização de consumo, que esmaga o homem naquilo que ele tem de mais humano, como de fora dela, isto é, no Terceiro Mundo, surgem clamores de contestação, exigindo uma volta do homem à sua humanidade. Cantos apocalípticos que ilustram mais do que quaisquer outros o que está acontecendo hoje. Chamamos a atenção, inclusive, para a fantástica visão profética que Thomas Merton, falecido em 1968, teve no seu poema "Figuras para um apocalipse" da queda das torres gêmeas pelo terrorismo, colocando-a num quadro maior de destruição simbólica de Nova York.

Páscoa em Nova York

BLAISE CENDRARS *(1887-1961)*

Desço apressadamente para a cidade baixa,
o dorso inclinado, o coração comprimido, o espírito febril.
Teu lado aberto parece um grande sol
e Tuas mãos em volta palpitam de chispas...
Foi nesta mesma hora, na hora nona,
que Tua cabeça, Senhor, caía sobre o Teu peito.
Estou à beira do oceano e relembro a poesia,
que fala da beleza de Tua face no suplício.
Talvez falte-me a fé, Senhor,
para enxergar a irradiação de Tua beleza.
Entretanto, Senhor, fiz uma viagem perigosa
para vir contemplar no berilo o talhe do Teu rosto.
Faz, Senhor, que meu rosto apoiado em minhas mãos
deixe cair nelas a máscara que me oprime.
Estou doente, Senhor, talvez por Tua causa.
A multidão dos pobres está aqui amontoada,
encurralada como gado, nos hospícios.
Imensos navios vindos de toda parte
os desembarcam aqui aos montões.
São como animais de circo que saltam os meridianos.
Senhor, tem compaixão da multidão que sofre!

Oração do Abandono

ROBERT KENNEDY

Em tuas mãos, ó Deus, eu me abandono. Vira e revira esta argila, como o barro na mão do oleiro. Dá-lhe forma e depois, se quiseres, esmigalha-a, como se esmigalhou a vida de João, meu irmão.

Manda, ordena. "Que queres que eu faça? Que queres que eu faça?"

Elogiado e humilhado, incompreendido e caluniado, consolado, sofredor, inútil para tudo, não me resta senão dizer a exemplo de tua Mãe: "Faça-se em mim segundo a tua palavra."

Dá-me o amor por excelência, o amor da Cruz; não o da cruz heróica que poderia nutrir o amor-próprio; mas o da cruz vulgar, que carrego com repugnância, daquela que se encontra cada dia na contradição, no esquecimento, no insucesso, nos falsos juízos, na frieza, nas recusas e nos desprezos dos outros, no mal-estar e nos defeitos do corpo, nas trevas da mente e da aridez, no silêncio do coração. — Então somente Tu saberás que Te amo, embora eu mesmo nada saiba, mas ISTO BASTA.

(Oração escrita de próprio punho e recitada diariamente por esse senador norte-americano. Encontrada no bolso do seu paletó quando do seu assassinato.)

Oração no Harlem

Thomas Merton (1915-1968)

Entre as gaiolas do viveiro sem chave,
os arames e os cabos, patíbulos dos papagaios,
crucificam, sob a luz terrível,
as roupinhas esfarrapadas dos meninos.
Depressa, na *jungle* estéril de escadas e encanamentos,
o Sol ensangüentando, ave de rapina,
aterrorizará os pobres, que esquecerão a luz infiel.
Porém, nos pavilhões de imaculados edifícios,
onde a Alba de vidro brilha mais que os bisturis dos cirurgiões,
mais pálida que o álcool, que o éter, e mais reluzente que as moedas,
as esposas, brancas de susto, como a de Pilatos,
gritam entre os perigos de seus sonhos gelados:
a manhã enterrou cravos nas mãos e nos pés de Jesus.
Quatro flores de sangue cravaram-nO nas paredes de Harlem.

Nas brancas salas dos hospitais das clínicas,
evaporou-se Pilatos com um grito:
baixaram duzentos Judas,
enforcados no museu e na ópera.

Entre as gaiolas dos viveiros sem chaves,
os arames e os cabos, patíbulos dos papagaios,
crucificam, sob a luz terrível,
as roupinhas esfarrapadas dos meninos.

Figuras para um Apocalipse
(nas ruínas de Nova York)

THOMAS MERTON

A Lua está mais pálida que uma atriz.
Temo-la visto chorar na hera seca,
desenhada em cristalizações.
A hera seca, quebrada,
abraçada com o ar.
A Lua está mais pálida que uma atriz,
e chora por ti, Nova York!

E vai buscando-te entre destroços de pontes,
inclinando-se para ouvir o bronze falso
de tua voz sofisticada,
que já não canta.

Oh, que grande quietude atrás da noite negra,
quando as chamas de nuvens queimaram tua cariada dentadura
e quando esses relâmpagos
dispersam os últimos prisioneiros,
golpeando os negros abscessos de Harlem e Bronx
(as dúzias de sobreviventes)
entre as árvores de Jersey,
até as verdes granjas, em busca de liberdade.

Como caíram, como caíram
estas enormes torres de gelo e de aço,
derretidas por que terror e por que milagre?
Que fogos e luzes derrubaram,
com a branca ira de sua acusação,
estas torres de prata e aço?

Tu que cultivavas tuas ruas em parreiras,
agora, como ficaste em esqueleto!
Que foi de tua carne viva e de tua carne morta?
Teus filhos, baleados um por um nas sombras da Paramount,
velando tuas exéquias com sua confusa incineração,
escrevem, em rescaldos, teu epitáfio:

"Esta era uma cidade,
que se vestia de papel-moeda,
viveu quatrocentos anos,
com níquel nas veias.
Amava as águas dos sete mares purpúreos
e se queimava em sua baía verde,
mais alta e mais branca que todas as Tiros.
Rude como um táxi.
Em salto alto, seus olhos eram, às vezes, azuis,
como Genebra,
e os cravou, toda a sua vida,
no coração de seus seis milhões de pobres.
Agora morreu com os terrores de uma contemplação abrupta,
afogada em suas próprias águas,
em seu poço envenenado."

Poderíamos, acaso, consolar-vos, estrelas,
pela dilatada sobrevivência desta maldade?
Amanhã e depois de amanhã,
nascerão ervas e flores no seio de Manhattan.
E logo as ramas das nogueiras e dos sicômoros
sussurrarão onde estavam estas janelas sujas.
A hera e a vinha silvestre
derrubarão estas paredes débeis,
recobrindo a fachada de frescor.
O rosal e a macieira silvestre
florescerão nos silenciosos bosques urbanos.
Haverá ninhos de pombas e colméias de abelhas
entre os filhos dos velhos apartamentos,
todavia, agora, a Lua está mais pálida que uma estátua.
Assoma e eleva o seu farol
nas árvores de ferro dessas Hespérides destruídas,
e, sob esse clarão, nas covas que foram um dia bancos e teatros,
vêm brincar os cãezinhos peludos...

Oração por Marilyn Monroe

ERNESTO CARDENAL

Senhor,
recebe esta moça conhecida em toda a terra
pelo nome de Marilyn Monroe,
posto que não fosse este o seu verdadeiro nome
(porém Tu conheces seu nome verdadeiro,
o da orfãzinha violada aos nove anos
e da empregadinha de loja que se quis matar aos dezesseis)
e que agora se apresenta diante de Tua face
sem maquilagem alguma,
sem seu agente de publicidade,
sem fotógrafos e autógrafos,
sozinha como um cosmonauta
em face da noite espacial.

Ela sonhou em menina que estava nua em uma igreja
        (segundo o *Time*)
ante a multidão prostrada de face em terra
e tinha de andar na pontinha dos pés para não pisar nas cabeças.
Tu conheces os nossos sonhos melhor que os psiquiatras.
Igreja, casa, cova, são a segurança do seio materno
mas também mais que isso...
As cabeças são os admiradores, é claro
        (a massa de cabeças na escuridão sob o jorro de luz).
Porém o templo não são os estúdios da Fox.
O templo — de mármore e ouro — é o templo de Seu corpo,
no qual está o Filho do Homem com um açoite na mão,
expulsando os mercadores da Fox
que fizeram da Tua casa de oração um covil de ladrões.

Senhor,
neste mundo contaminado de pecados e radioatividade,
Tu não culparás apenas uma empregadinha de loja,
que como toda empregadinha de loja sonhou ser estrela de cinema.
E seu sonho foi realidade (porém como realidade *tecnicolor*).
Ela não fez mais que representar segundo o *script* que lhe demos
        — o de nossas próprias vidas — e era um *script* absurdo.

Perdoa-lhe, Senhor, e perdoa-nos também
por nossa própria Fox,
por esta gigantesca superprodução na qual todos trabalhamos.
Ela tinha fome de amor e lhe oferecíamos tranqüilizantes.
Para a tristeza de não sermos santos,
    recomendaram-lhe psicanálise.

Recorda, Senhor, seu crescente pavor da câmera
e o ódio à maquilagem — insistindo em maquilar-se a cada cena —
e como se foi tornando maior o seu horror
e maior a impontualidade nos estúdios.
Como toda empregadinha de loja
sonhou ser estrela de cinema.
E sua vida foi irreal como um sonho
que um psiquiatra interpreta e arquiva.

Seus romances foram um beijo de olhos fechados,
que quando os olhos se abrem
se descobre que foi sob os refletores...
E os refletores se apagam!
E se desmontam as paredes do aposento
(eram um cenário de cinema),
enquanto o diretor se vai com seu roteiro
    porque a cena já foi tomada.
Ou como uma viagem em iate, um beijo em Cingapura,
    um baile no Rio de Janeiro,
a recepção na mansão do Duque e da Duquesa de Windsor,
    vistos num compartimento qualquer.
A película terminou sem o beijo final.
Acharam-na morta em sua cama, com a mão no telefone.
E os detetives não souberam a quem iria chamar.
Foi
como alguém que tivesse discado o número da única voz amiga
e ouve somente a voz de um disco que declara: número errado.
Ou como alguém que, ferido pelos *gangsters*,
estende a mão para um telefone cujos fios cortaram.

Senhor,
quem quer que haja sido aquele a quem ia chamar
e não chamou (e era talvez ninguém
ou era Alguém cujo nome não está na Lista de Los Angeles)
responde Tu ao telefone!

Prece

FREI TITO ALENCAR DE LIMA — DOMINICANO (1945-1974)

>Quando secar o rio de minha infância
>secará toda a dor.
>Quando os regatos límpidos de meu ser secarem
>minh'alma perderá sua força.
>Buscarei, então, pastagens distantes
>— lá onde o ódio não tem teto para repousar.
>Ali erguerei uma tenda junto aos bosques.
>Todas as tardes me deitarei na relva
>e nos dias silenciosos farei minha oração.
>Meu eterno canto de amor;
>expressão pura de minha mais profunda angústia.
>
>Nos dias primaveris, colherei flores
>para meu jardim da saudade.
>Assim, externarei a lembrança de um passado sombrio.

(Frei Tito suicidou-se após receber tortura em excesso no auge da ditadura militar brasileira e, por isso, é considerado mártir.)

Eu Grito na Noite

ERNESTO CARDENAL

Do fundo do abismo, eu grito para Ti, Senhor!
Eu grito durante a noite na prisão
e no campo de concentração;
na câmara de torturas,
na hora das trevas,
escuta minha voz,
meu S.O.S.

Se Tu Te recordares dos pecados,
Senhor, quem será inocente?
Mas Tu perdoas os pecados.
Tu não és implacável como aqueles
que movem processos contra nós!

Eu tenho confiança no Senhor
e não em seus líderes
nem em seus *slogans*.
Eu tenho confiança no Senhor,
Não em seus alto-falantes!

Minha alma espera o Senhor,
mais que as sentinelas esperam a aurora,
mais do que os que contam as horas,
durante a noite nas prisões.

Enquanto estamos encarcerados,
eles estão em festa!
Mas o Senhor é a libertação,
a liberdade do mundo.

Salmo 22

ERNESTO CARDENAL

Meu Deus, meu Deus — por que me desamparaste?
Tornei-me caricatura,
o povo me despreza.
Zombam de mim em todos os jornais.
Tanques me cercam,
metralhadoras são apontadas na minha direção,
aprisiona-me o arame farpado, eletrificado.
Fazem chamada todos os dias,
fui numerado a ferro em brasa
e fotografado atrás das grades.
Dá para contar meus ossos, como se fosse radiografia.
E tiraram meus documentos.
Arrastaram-me nu à câmara de gás
e distribuíram minha roupa e sapatos entre si.
Imploro por morfina, mas ninguém me ouve.
Fico gritando, apertado pela camisa-de-força,
grito a noite inteira, no hospício,
na enfermaria dos incuráveis,
no isolamento de doenças contagiosas, no asilo.
Na clínica psiquiátrica, luto contra a morte,
banhado de suor.
Sufoco em plena tenda de oxigênio,
choro na delegacia,
no pátio da prisão,
na câmara de torturas
e no orfanato.
Estou contaminado de radioatividade
e todos me evitam, com medo de contágio.
Mas falarei a meus irmãos a Teu respeito.
Vou Te louvar em nossas reuniões.
Meus cânticos vão ser entoados por um grande povo.
Os pobres vão fazer banquete.
O povo que ainda vai nascer,
nosso povo,
vai fazer a grande festa!

Poema

Che Guevara

    Cristo, Te amo,
    não porque desceste de uma estrela,
    mas porque me revelaste
    que o homem tem lágrimas,
    angústias.

    Chaves para abrir as portas fechadas da luz.
    Sim, Tu me ensinaste que o homem é deus,
    um pobre deus crucificado como Tu.

    E aquele que está à Tua esquerda no Gólgota,
    o mau ladrão,
    também é um deus.

Ao Messias, no Natal

Fadwa Tugan

    Senhor,
    Rei das coisas,
    em Tua festa, este ano, crucificam-se
    todas as alegrias de Jerusalém.
    Em Tua festa este ano,
    Senhor,
    emudeceram todos os sinos
    que tocavam há dois mil anos,
    que tocavam há dois mil anos
    para se calarem só neste.
    Todos os campanários estão de luto
    e a negrura se envolve na negrura —

Pela via dolorosa,
Jerusalém inteira é açoitada,
sob a cruz da Paixão.
Ela sangra sob a mão do carrasco
e o mundo é um coração fechado a este drama,
indiferente e rígido,
Senhor,
cego e apático,
não acendeu nenhuma vela sobre este desastre,
não verteu nenhuma lágrima
em que lavar as penas de Jerusalém.

Senhor,
os vinhateiros assassinaram o herdeiro
e roubaram as vinhas;
o pássaro do crime pôs asas
nos pecadores do mundo
e voou,
manchando a imaculada Jerusalém.
Como o demônio maldito
que até Satanás odeia.

Senhor
e glória de Jerusalém:
do poço das dores,
do abismo,
do fundo da noite
e do coração do grito
ergue-se a Ti o lamento de Jerusalém:
"Tem piedade, Senhor,
e afasta de nós este cálice!"

Caliban nas Minas de Carvão

LOUIS UNTERMEYER

Senhor, nós não gostamos de queixar-nos —
tem de ser as minas como são —
mas há chuva — a chuva a fazer charcos;
mas há o frio, o frio e a escuridão!

Senhor, Vós não sabeis como isto é —
na clara luz do céu sempre envolvido,
a ouvir dos meteoros o zunido,
quente, do sol que tendes sempre ao pé.

Senhor, se Vós tivésseis tão-somente
preso ao barrete a Lua, por lampião,
haveríeis de cansar-Vos, certamente,
cá embaixo, no escuro e úmido chão.

Sobre nós um negrume ainda maior,
e carros a arrastar quase de rastros...
Se quisésseis, ó Deus, por nosso amor,
atirar-nos uma mão — cheia de astros!

Quem Sou Eu?

DIETRICH BONHOEFFER *(1906-1945)*

Quem sou eu? Seguidamente me dizem
que saio da minha cela
tão sereno, alegre e firme
qual dono de um castelo.

Quem sou eu? Seguidamente me dizem
que da maneira como falo
aos guardas, tão livremente,
como amigo e com clareza,
parece que esteja mandando.

Quem sou eu? Também me dizem
que suporto os dias de infortúnio
impassível, sorridente e com orgulho
como alguém que se acostumou a vencer.

Sou mesmo o que os outros dizem de mim?
Ou apenas sou o que sei de mim mesmo?
Inquieto, saudoso e doente,
como um passarinho na gaiola,
sempre lutando por ar, como se me sufocassem,
faminto de cores, de flores, de pássaros,
sedento de palavras boas, de proximidade humana...

Quem sou eu?
Este ou aquele?
Hoje sou este e amanhã um outro?
Sou porventura tudo ao mesmo tempo?
Quem sou eu?
A própria pergunta nesta solidão
de mim parece pretender zombar.
Quem quer, porém, que eu seja,
Tu me conheces, ó meu Deus:
SOU TEU.

A Oração do Negro

O negro no mundo de hoje é o oprimido dos
oprimidos. Nesses poemas ele aparece em toda
a sua grandeza e toda pungência, porque é sobre
ele que recai todo o peso da humanidade.
Por isso ele é tão essencial e tão rejeitado
por todas as outras etnias.

Oração para o Trabalho

PEULOS OU FULAS — SENEGAL

Peço licença ao Deus do Nascente.
Peço licença ao Deus do Poente.
No começo está com Deus, no fim está com Deus.
Quem não começa por Seu nome,
acabará por Seu nome.
Tudo, exceto Deus, é mentira.
Peço licença para começar meu trabalho.
O que eu começo é Deus,
o que eu acabo é Deus.
Peço a Deus para poder agir.
Todos os monstros e seres maléficos,
no lugar que tracei para meu trabalho,
nada são, nada poderão contra mim.
Mesmo que sejam como o fogo,
eu os dispersarei como o furacão.
Pedirei licença a Deus
e os examinarei imediatamente.
Tudo, exceto Deus, é mentira.

Dá-nos Trabalho...

No cais de Dakar

Eis o dia,
o Sol aparece;
há navios no porto,
mas haverá trabalho?
Os outros têm pistolões,
os outros têm dinheiro,
os outros "refletiram"
com uma garrafa de uísque.
Eu estou ao lado deles,
sem trabalho.

Não me podes dar trabalho no porto,
caro Deus,
para que eu tenha dinheiro para minha mulher
e para meus filhos?
Assim eu poderei dar alguma coisa
na coleta de domingo.
Dá-me trabalho, por favor,
bom Senhor Jesus!
Nós Te louvamos.

Saudades da África

Estudante senegalês na Alemanha

Senhor, estou aqui em país estrangeiro,
mas penso na África.
E quando penso na África
minha oração jorra por si mesma,
pois Tu és aqui o único que conheço.
Tu és o Deus da Europa e o Deus da África.
Senhor, eu penso em meu país,
sem manto nos dias de calor,
e sem cobertas nas noites quentes.

Aqui estão a Basílica de São Pedro
e a catedral de Colônia,
mas eu tenho saudades de nossa capela
em adobe, na extremidade da aldeia.
Nossos avós a começaram, nós a acabamos,
nossas igrejas são construídas por nossas mãos,
com nosso suor e muita oração.

Como gostaria, Senhor, de sentar-me,
no domingo, em bancos toscos e estreitos,
ao lado de meus irmãos, como sardinhas.
Ninguém está só;
em pensamentos e orações somos um.
Em nossos cânticos, sentimos nossa comunhão,
e em nosso entusiasmo gritamos: Aleluia!

Senhor, tenho tantas saudades da África!
Eu sei que estás também na Europa,
mas, vê, em nossa aldeia
eu Te via e eu Te ouvia melhor.
Lá, eu não ficava sozinho na cadeira,
na missa e no ofício.
Estávamos grudados uns aos outros.
Os cantos e as orações de nossos irmãos
nos faziam subir para Ti!
Lá, minha oração era mais verdadeira;

eu quase nunca rezava sozinho,
a família me ajudava, a comunidade e a escola.
Lá, no Sol, na Lua, na natureza
e em meus irmãos eu Te via;
meus irmãos oravam comigo.
Senhor, aqui estou longe de Ti;
não sei por que tenho saudades da África
e através da África de Ti!
Senhor, ajuda-me.

Oração do Negro

BERNARD DADIÉ

Eu Vos agradeço, meu Deus, por me haverdes criado negro,
por haverdes feito de mim
a soma de todas as cores
e colocado sobre minha cabeça
o Mundo.
Possuo as roupagens do Centauro
e carrego o mundo desde a primeira manhã.

O branco é uma cor de circunstância.
Mas o preto é a cor de toda obra.
E eu carrego o mundo desde a primeira tarde.

Estou contente com a forma da minha cabeça,
feita para carregar o mundo.
Satisfeito,
com o meu nariz achatado,
feito para aspirar todo o vento do mundo.
Feliz com a forma das minhas pernas
prontas para correr todas as etapas do mundo.
Eu Vos agradeço, meu Deus, por me haverdes criado negro.
Por haverdes feito de mim
a soma de todas as dores.

Trinta e seis espadas transpassaram o meu coração,
trinta e seis braseiros queimaram o meu corpo,
e meu sangue sobre todos os calvários avermelhou a neve,
e meu sangue sobre o nascer do Sol avermelhou a natureza.

Apesar de tudo, estou contente por carregar o mundo.
Contente com meus braços curtos,
com minhas pernas longas,
com a grossura de meus lábios.
Eu Vos agradeço, meu Deus, por me haverdes criado negro.
O branco é uma cor de circunstância.
Mas o preto é a cor de toda obra.

Eu carrego o mundo desde a alvorada dos tempos.
Meu riso, dentro da noite, sobre o mundo, cria o dia.
Eu Vos agradeço, meu Deu, por me haverdes criado negro,
por haverdes feito de mim
a soma de todas as cores
e colocado sobre minha cabeça
o Mundo.

Embora a Virgem Seja Branca

ANÔNIMO PERUANO

Pintor de santos grã-finos,
pintor sem terra no peito,
que, quando pintas teus santos,
não te lembras de tua aldeia,
e quando pintas tuas Virgens,
pintas anjinhos bonitos,
nunca, porém, te lembraste
de pintar um anjo preto.

Pintor nascido em meu solo
mas com pincel estrangeiro,
pintor que segue o rumo
de pintores de outro tempo,
embora a Virgem seja branca
pinta-me uns anjinhos pretos.

Nunca houve pintor pintando
anjinhos de meu povoado:
anjos de boa família
para o meu céu, não me bastam.
Eu quero anjinhos rosados
mas com anjinhos trigueiros.
Embora a Virgem seja branca
pinta-me uns anjinhos pretos!

Sim, resta um pintor de santos,
sim, resta um pintor de céus,
que é o céu de minha terra
com matizes de meu povo;
com seus anjos claros, louros,
e com seus anjos mulatos,
com seus anjinhos rosados
e com seus anjinhos pretos,
com seu anjo acetinado
e outro de cabelo duro
juntinhos chupando mangas
pelas favelas do céu.

Como pintas tua terra
assim pintarás teu céu:
com um Sol que tosta brancos,
com um Sol que tosta pretos,
pois para isto é que o tens
assim quentinho, e dos bons.
Embora a Virgem seja branca,
pinta-me uns anjinhos pretos!

Oração para a Mulher

The Economist, uma das revistas mais sérias e reacionárias, publicou um artigo em 1996, intitulado "O século XXI será o século da mulher — ou simplesmente não existirá". Então, a emergência do feminino e, com ela, a mudança radical de todas as instituições econômicas, políticas e culturais serão a condição mais importante para que se reverta a tendência de destruição da espécie que permeia a própria essência do século XXI. Por isso, a organizadora desta antologia está colocando a público toda a sua experiência sobre os ciclos da vida da mulher e sobre a emergência do feminino.

Canto da Noiva

Vem, meu amado,
revela-me o sinal indecifrado de todas as coisas,
levanta o véu que cobre as faces dos homens,
ilumina a nudez da verdade
e os caminhos que conduzem à vida.
Faz-me ouvir o canto dos ventos invisíveis,
conta-me o segredo das vozes desconhecidas,
mostra-me a curva dos espaços infinitos,
caminha comigo até os resplandecentes abismos
em que todas as coisas se encontram.

>Em teu ser
>tudo se justificou,
>o tempo, a morte,
>o ser e o nada.
>Para além de ti
>só há o infinito
>e tu és a Porta.

Cântico dos Cânticos

Meus pés conheceram todos os caminhos,
meus olhos esgotaram todos os horizontes,
minha sede secou todas as fontes.

E os gestos se tornaram mármore,
a posse desfez a plenitude
e fez florescer o vazio.

E agora? Que fazer das mãos vazias,
do desejo impenetrável
e dos espinhos da angústia?

Os homens de traços instáveis,
de alma de terra,
desmancharam-se ao sopro ardente.

O abismo é superfície.
O enigma é claro.
As faces são sombras.

Menos teu rosto
exausto
pela escalada.

Teu rosto insondável,
indecifrado sinal
de realidades desconhecidas.

Vem, meu amado,
vamos repartir as sombras
Ajuda-me a carregar o pó do tempo
e a vencer a tua própria espessura.

Vem, meu amor, comigo,
atravessar a luz dos dias intermináveis,
saborear o gosto amargo de todas as limitações.
E após cada alegria longamente conquistada,
reencontrar o vazio.

Ajuda-me a ultrapassar os cantos irresistíveis do não ser,
porque além da carne está a morte.
E além da morte está o amor.
E além do amor está o infinito.

Homem

Tu pousaste sobre meu ombro,
como um pássaro,
e fui habitada pela paixão da entrega.

Quando o meu corpo ficou preso no teu,
os deuses caíram dos seus pedestais,
porque dançando
nós vencemos a morte.
Quem se lembra de Osíris,
de Zeus, de Astaroth,
de Baal?

E nós continuamos dançando
na cadeia das gerações.
E do meu desejo e do teu desejo
continua brotando a vida.
Um dia, Javé, deus dos Exércitos,
também passará.
E nós continuaremos dançando.
Só o nosso desejo é imortal.

Oração da Mãe que Espera o Filho

Senhor, de nós dois brotou a vida.
Como no primeiro dia da criação em que
tiraste o mundo do nada
e o deixaste em uma longa gestação.

Que o Vosso Espírito paire sobre nós.
Como pairou sobre a matéria informe e vazia
e a fecundou e a fez desabrochar
até que ele fosse capaz de receber o Vosso sopro
e elevar-se até Vós.

Senhor, como a criação inteira,
eu anseio e suspiro pela eclosão da vida em mim
e para que a semente que sois Vós mesmo
torne esta vida um canto infinito.

    Senhor,
    que esta vida que eu encubro
    seja uma flecha veloz
    subindo, subindo, subindo...

Oração da Segurança

Afasta-me, Senhor, de todo risco,
de todo amor repentino.

Ajuda-me a controlar a paixão,
já que sou feito de fogo.
Guarda-me de todo erro.
Livra-me das emoções profundas.
Faz que eu ponha meus deveres
acima sempre do meu desejo
para que todos me admirem.

Faz que eu seja sempre um bom homem
e que no fim de meus dias
eu me deite pacificamente nos Teus braços
e morra sem ter vivido.

Canção do Cotidiano

A longa caminhada dos dias iguais
pelo deserto cinzento, nem quente nem frio.
Piedade, Senhor, nós queremos

o Sol que calcina
e a chuva que fecunda,
o dia que ilumina
e a noite que esmaga.

Nós queremos
quebrar todas as fronteiras,
vencer todas as espessuras.

O vasto universo é pequeno demais
para conter a mínima centelha de amor
que faz em estilhaços todos os limites
e aniquila todas as distâncias.

Liberta-nos, Senhor, de nós mesmos
para que possamos beber até o fim
o amargo cálice da vida
que vai um dia medir
o tamanho da nossa eternidade.

Só

Como a fumaça do fogo,
desprende-se da minha vida uma tristeza incurável.
Como a nuvem de chuva,
meus dias são grávidos de encontros efêmeros
que poderiam desabrochar em amor,
mas que o vento dispersa
em mil simpatias sem amanhã.

No centro do meu ser lateja
um desejo nunca saciado que retoma cada vez
um pouco mais pesadamente sobre si mesmo.
Um estranho poder de adesão
esmagado pela crueldade da vida.
Brotam embriões de amor que expiram
no momento mesmo em que são concebidos.
Oh, meu Deus, este apelo
ficará para sempre sem resposta?
Anseio desesperado de laços mais fortes
que a morte, mais duros que o inferno.
Ver rostos amados se apagando na distância,
minha vida é só partida
e nunca chegada...

Querer ser diálogo e sou apenas monólogo.
Creio na necessidade vital de um encontro definitivo.

Viverei exilada de mim mesma,
enquanto não levantar para a minha face
um olhar que exija tudo,
que faça brotar em mim tudo aquilo
que ainda não conheço
e cuja envergadura jamais poderei suportar
sozinha.

Enquanto isso, enquanto não vier a hora,
continuo vendo rolar
o fio dos dias intermináveis das noites vazias,
esperando.

A Mulher das Mil Faces
(Oração da maturidade)

Eu quero uma carne
que seja sono e madrugada.

Eu quero uma alma sem muros,
eternamente ferida.

Eu quero mergulhar na dor
e tirar de dentro dela
a eterna radiância da alegria.

Eu quero ser
eternamente fonte
inesgotável!
Dar sem reter.

Eu quero ser a resposta
para todas as perguntas.

Eu quero ter mil faces,
uma para cada ser humano.
Morte e vida,
silêncio e luz
para todos.

Medo

Hoje, todo o peso da vida me esmaga,
toda náusea do mundo
transborda do meu coração.

A que mundo entreguei meus filhos?
Os homens construíram uma torre até o céu
e aí abrigaram seus deuses
nos quais encontram a salvação, a glória e o império.

Meus filhos serão devorados pela esfinge.
O Rei decifrou o enigma,
foi torturado pelos homens.
Seus rostos são como o relâmpago,
seus corações são serpentes
e suas mãos semeiam a morte.

Não me resta senão o caminho
dos passos do Rei.
    Mas eu quero o sangue fecundo
    e as lágrimas que ressuscitam.

Pecado Original

Tenho entre as pernas
uma rosa púrpura
envenenada.
Rosa pântano
que engole a serpente.

Rosa maldita,
por ela abandonaste o teu Deus
e Ele te castigou
com a morte e a escravidão.

Rosa de Hiroshima
que trouxe a morte para todos
e a dor que queima sem queimar.

Mas, quando ela desabrochou em tuas mãos,
nossos olhos se abriram.
Pela primeira vez vimos o mundo
e nos vimos um ao outro,
nus,
e nos escolhemos e nos enlaçamos,
deixando Deus para trás.

Trocamos a abundância
pelos espinhos e pelas pedras,
a segurança pela liberdade,
a imortalidade pela vida vivida.

Só quando a morte fez seu pacto conosco,
de nós dois pôde brotar a vida.

Então, quebraste o silêncio,
pela primeira vez,
e me deste um nome:
Eva,
a mãe de todos os que vão viver.

ORAÇÃO DOS PRIMITIVOS EM EXTINÇÃO

Ainda existem ilhas de pré-história no mundo tecnológico. Destes povos vem ao homem do século XXI uma lição de autenticidade e de espontaneidade, bem como o sentido da vida e da morte, há muito perdido por nós.
Resta-nos ouvir essa mensagem.

Poema da Mãe Kolla

ATAHUALPA YUPANQUI

Estamos vindo de longe
e sofremos, Senhor.
Estamos chegando de longe e
viemos andando ao longo do rio
que corre entre as pedras
como a melodia de uma canção.
Nós, os Kolla, nos parecemos com as colinas:
por fora só cor e, por dentro,
um mundo cheio
de cantos e silêncios
habita o nosso coração.
Minhas mãos nunca acabam
de moer o milho.
E meus olhos sem repouso
vigiam a estrada
em que meus *huahuas* vão brincar.
Sou a mãe Kolla de todos os tempos.
Índia, sim, Senhor!
Metade de pedra e de sombra,
metade de pedra e de Sol...
E minhas dores sempre tão velhas
como o rio.
E ainda e sempre meus sonhos índios.
E minha vida sempre a mesma,
sempre.
Inverno de neve, verão de rios
e a neve, também, se põe a viajar.
E que venham as areias com seus turbilhões;
e que venham as neves
com seus flocos miúdos;
que venham as geadas,
que destroem a colheita,
nos campos de milho;
que venham os sóis ardentes e rigorosos
e que os rios, de repente,

se transformem em caudais
e os sonhos em dores...
Que importa isto tudo,
eu sou Kolla, Senhor...
A mais forte das dores
não mata em minhas veias
o sangue do Sol.

Oração do Arco-Íris

PIGMEUS — ÁFRICA EQUATORIAL

Kwá, iê, ô! Arco-íris, ó arco-íris!
Tu que brilhas lá em cima, tão alto,
acima da floresta imensa,
no seio das nuvens negras,
dividindo o céu sombrio,
tu, vencedor na luta,
derrubaste no chão, embaixo de ti,
o trovão que ribombava,
que roncava, fortemente irritado.
Estava ele furioso contra nós?
No meio das nuvens negras,
dividindo o céu sombrio,
como a faca que corta pelo meio
o fruto maduro.
Arco-íris, arco-íris.

Fugiu o raio assassino dos homens,
como o antílope diante do tigre,
ele fugiu espavorido.
Arco-íris, arco-íris,
arco poderoso do Caçador de cima,
do caçador que persegue o rebanho de nuvens,
como uma manada de elefantes amedrontados.
Arco-íris, agradece por nós a Kimwum,
agradece ao deus supremo.
Dize-Lhe: não Te zangues!
Dize-Lhe: não fiques irritado!
Dize-Lhe: não nos mates!
Pois temos muito medo;
arco-íris, leva-Lhe a nossa prece!

Ação de Graças Depois da Caça

CAÇADORES NYANGA — CONGO

>Obrigado, muito obrigado
>a Ti, ó Pai, nosso antepassado.
>De fato, escutaste nossa oração,
>deste-nos uma boa caça.
>Estou satisfeito Contigo.
>Depois de dividir o animal que apanhamos,
>eu Te oferecerei um bolo de bananas.
>Tu e nossos pais e avós que morreram,
>verdadeiramente nos ajudastes.
>Estou satisfeito, muito satisfeito,
>pois nossos cachorros voltaram a salvo da caça.
>Repartirei o quinhão
>com meus chefes, parentes e amigos!

Imprecação de um Zulu

Prece sul-africana

Quando deixamos de Te oferecer sacrifícios?
Quando deixamos de declarar Teus títulos de honra?
Por que és tão avaro?
Se não melhorares, nós Te abandonaremos.
Que será de Ti, então?
Quem trará gafanhotos para Te alimentares?
Torna-Te melhor, senão Te esqueceremos.
De que serve fazer sacrifícios,
de que serve entoar louvores?
Tu não nos dás boas colheitas,
Tu não Te mostras agradecido
pelo trabalho que temos Contigo.
Assim Te deixaremos e diremos a todos
que não temos espíritos de nossos antepassados
e Tu sofrerás.
Estamos irritados Contigo.

Canto Fúnebre

Denka — Baixo Nilo

Quando Deus criou todas as coisas,
    Ele criou o Sol.
E o Sol nasce, morre e volta.
    Ele criou a Lua.
E a Lua nasce, morre e volta.
    Ele criou as estrelas,
e as estrelas nascem, morrem e voltam.
    Ele criou o homem,
E o homem nasce, morre e não volta mais.
    Sua sombra desaparece,
    o prisioneiro está livre!

Oração para Pedir Chuva

Beduínos muçulmanos do Saara

Ó Mãe da chuva, faz chover sobre nós!
Banha o albornoz de nosso pastor.
Faz chover uma chuva torrencial,
para aliviar a nossa sede!
Ó Mãe da chuva, faz chover sobre a areia!
Mede o nosso quinhão na medida de Alá.
Faz que uma verdadeira torrente chegue até nós.
O mal continua a atormentar-nos,
nuvens de poeira cegam nossos olhos,
continuamente nuvens de poeira se levantam,
a morte avança rapidamente ao nosso encontro.
Àquela que nos der uma peneira cheia,
que Alá conceda a seu filho um cavalheiro.
Àquela que nos der uma vasilha cheia,
que Alá conceda a seu filho uma esposa.
Àquela que nos der uma mão cheia,
que Alá afaste seus inimigos!
Assentai-me sobre um jovem camelo
e afastai de mim quem me queira reter!
Assentai-me sobre uma mula baia,
alimentai-me com tâmaras.
Que Alá prolongue as suas vidas,
pois eles me libertaram.
Que o lobo que luta contra o vento quente do Sul
rechace para longe o vento glacial do Norte!
Ó Mãe da chuva, faz chover sobre nós!

Oração a Mai-Ana

ALTAI — SIBÉRIA

Ó Mai-Ana, Mãe de Fogo,
Virgem coroada com trinta coroas;
Tu que dás cozimento ao alimento cru,
que derretes toda forma de gelo,
aproxima-Te perto de nós,
aconchega-Te como uma mãe!
Tu que lanças as impurezas na água,
Tu que amamentas o mar com leite
e que tens Tua sede no monte Surum,
ó Mai-Ana, de cabelos bem penteados,
ó Mai-Ana, pura entre as virgens,
ó Mai Ana, de boca imaculada!
Desceste das altas montanhas,
desceste do arco-íris do Sol,
desceste apoiada num bastão de ouro!
Não espantes as criancinhas,
guia-as segurando-lhes os pequenos ombros.
Mantém-nas apertadas em Teu seio,
amamenta-as em Teu peito direito,
preserva-as dos maus agouros!
Quando vier um espírito mau,
retesa Teu arco e Tua sarabatana,
para rechaçar o bicho-papão.
Impede a chegada do vento pernicioso,
afasta da criança o malfazejo!
Conduze-a pela mão para tudo o que é bom!
Protege o seu despertar!
Fortifica a raiz do arbusto!

Oração da Macumba

Terreiros do Rio de Janeiro

    Oxalá, meu pai, tem pena de mim, tem dó.
    A volta do mundo é grande.
    Teu poder ainda é maior.

    Louvado seja teu grande reino!
    Louvada seja a Tua sabedoria!
    Louvado seja o Teu santo nome — Amém!
    Saravá, meu Pai!
    Vamos todos saravá!
    Salve Xangô que reina na pedra.
    Salve Oxossi, que reina na mata,
    Iemanjá que é dona do mar
    e mãe Oxum na cachoeira!

    A Iansã, menina dos cabelos louros,
    onde é que ela mora?
    Mora na mina de ouro.
    Beira-mar, Beira-mar,
    é sentinela de Oxum,
    é remador de Iemanjá.
    Em seu cavalo branco ele vem montado,
    de botas ele vem calçado.
    Vinde, vinde, Ogum, nosso protetor!
    Vinde, vinde, São Jorge, nosso salvador!

Oração da Umbanda

Prece dos Centros de Umbanda — Brasil

Deus, nosso Pai,
que sois todo poder e bondade,
dai força àqueles que passam pela provação,
dai a luz àquele que procura a verdade,
ponde no coração do homem
a compaixão e a caridade.
Dai ao viajante a estrela-guia,
ao aflito, a consolação,
ao doente, o repouso.
Pai, dai ao culpado o arrependimento,
ao espírito, a verdade,
à criança, o guia,
ao órfão, o pai.
Senhor, que Vossa bondade
se estenda sobre tudo que criastes.
Piedade, Senhor, para os que não Vos conhecem,
esperança para os que sofrem.
Derramai por toda parte
a paz, a esperança e a fé.
Um só coração, um só pensamento
subirá até Vós,
como um grito de reconhecimento
e de amor.
Dai-nos a simplicidade
que fará de nossas almas o espelho,
onde se refletirá a Vossa imagem!
Amém.

Louvação das Criaturas

O(a) leitor(a) pode reparar a ternura que emana desses poemas que a sensibilidade poética colocou na boca dos animais, que em todo o seu desamparo conservam intactos os mais belos sentimentos que seriam humanos. Mesmo ameaçados como estão...

Oração de Noé

CÁRMEN BERNOS DE GASZTOLD

Senhor, que jardim zoológico!
Ninguém mais se entende no meio de Vosso dilúvio
e destes gritos de bicho.
Como o tempo está custando a passar!
E toda essa água que me afoga o coração!
Quando poderei pisar em terra firme?
O tempo está custando a passar!
Mestre corvo não voltou,
mas eis a Vossa pomba.
Encontrará acaso um ramo de esperança?

O tempo custa a passar!
Senhor, conduzi Vossa arca à certeza,
ao monte do repouso,
para que a gente enfim possa livrar-se
desta escravidão animal...
O tempo custa a passar!
Conduzi-me, Senhor, até à margem
da Vossa eterna aliança.

Oração da Formiga

Senhor, nunca me dão razão:
eu sou a fábula do mundo!
Sim, é claro que tenho o meu pé-de-meia
e gosto de prover minha despensa.
Será que eu não tenho o direito
de gozar um pouco do fruto do meu trabalho
sem ir de encontro à Vossa justiça
que eu não consigo entender?
Se eu ousasse dar um conselho,
creio que era preciso uma revisão...
Nunca fui pesada a ninguém
e sei, modéstia à parte,
sair de qualquer apuro!
Então,
diante da imprevidência de alguns,
será que eu terei de dizer eternamente:
Amém!

Oração da Girafa

Senhor,
eu vejo o mundo de tão alto,
que não consigo habituar-me às suas miudezas!
Ouvi dizer que amais os humildes.
Deve ser conversa de macaco.
Tenho muito mais facilidade
em crer em Vossa grandeza.
Eu me alimento das coisas elevadas...
Gosto bastante
de me ver tão perto do céu!
Humildade?
Conversa de macaco!

Oração do Macaco

Meu Deus, por que me fizestes tão feio?
Por causa desta cara ridícula,
querem que eu passe a vida fazendo caretas!
Será que vou ser eternamente
o palhaço da Vossa criação?
Quem me livrará deste destino
tão melancólico?
Não consentireis que um dia alguém me leve a sério?

Oração do Porco

Senhor,
a delicadeza deles me dá vontade de rir!
É claro que eu ronco...
Por que iria deixar de grunhir?
Por gratidão?
Por me engordarem para o seu estômago?
Por que me fizestes tão tenro?
Que destino, Senhor!
Ensinai-me, ao menos, a dizer:
Amém!

Uma mística para o século XXI

O homem contemporâneo, mais do que qualquer outro, mergulhado na *práxis*, perde o pé dentro da técnica que ele mesmo criou. É assim que alguns dos seus mais sensíveis representantes exprimem a sua necessidade profunda de encontrar o sentido da vida e de se tornarem colaboradores de Deus na transformação do mundo. E, só assim, transcendendo-se a si mesmos, é que encontram a paz e poderão ser os motores do processo da destruição da espécie humana a que este século parece nos levar.

Pescador de Pérolas

SWAMI PARAMANANDA

Como o pescador de pérola, ó minha alma,
sem te cansar, persiste sempre,
mergulha na profundeza,
sempre mais profundamente, e procura!
A mais preciosa pérola está no fundo do mar.
Como o pescador de pérola, ó minha alma,
mergulha profundamente!
Os que ignoram o teu segredo
poderão escarnecer de ti.
Poderás te entristecer,
mas não desanimes, ó minha alma,
minha alma, pescador de pérolas!

Procurando Deus

DADHÚ ANÔNIMO DE BENGALA

No oceano de amor,
em que toda forma desposa a beleza,
eu vi, num relâmpago,
Aquele que se esconde em meu coração...
Era como uma torrente de ouro escaldante,
que se derrama em fusão...
Que ímpeto! Que desejo!
Corri ao Seu encontro,
para agarrá-Lo em meus braços.
Ah, nada encontrei...
Agora, procuro-O em vão,
devassei todos os bosques.
Onde estás?
Erro como um louco.
Um fogo me consome,
no fundo de mim mesmo.
Um fogo que devora
e que não mais se extinguirá.

Conversão

ERNESTO PSICHARI *(1883-1914)*

Eis, Senhor, meu ser suspira pelo teu ser!
Sinto, farejo, distingo, descubro,
respiro com meus sentidos
a coisa tal qual foi feita!
Estou cheio de um deus,
cheio de ignorância e de gênio!
Ó forças que estais em ação em torno de mim,
sei agir tanto quanto vós!
Sou livre, sou violento, sou inventor,
como a árvore numa nova primavera, cada ano,
inventa sobre pressão de sua alma,
o verde, o mesmo verde eterno,
e cria do nada sua folha pontuda.
Mas eu, homem, sei o que faço.
O impulso, o poder natal e criador
eu uso. Eu o domino.
Estou no mundo e exerço em toda parte meu conhecimento.
Conheço todas as coisas
e todas as coisas se conhecem em mim.

Trago a todas a sua libertação.
Por mim, toda coisa não fica mais só,
mas eu associo a outra em meu coração.
E não é só isso!
Que importa a porta aberta, se eu não tenho a chave?
Que importa a liberdade, se eu não for seu dono?
Tu, Senhor perfeito, não impedes que eu também exista!
Salve, o mundo novo a meus olhos,
mundo agora total,
ó credo inteiro das coisas visíveis e invisíveis,
eu Te aceito com um coração universal!
Onde quer que volte a cabeça
vejo a imensa oitava da criação!
O mundo se abre diante de mim
e, por maior que seja a sua dimensão,
meu olhar o atravessa de lado a lado.

Pesei o Sol como um grande carneiro,
que dois homens suspendem em seus ombros.
Fiz o recenseamento do exército dos Céus,
enumerei as grandes figuras,
que se deitam sobre o velho oceano,
até a centelha mais rara, afogada
no mais profundo abismo.
Estás captado, desde uma extremidade do mundo
até a outra volta de Ti mesmo.
Eu lancei a imensa rede de meu conhecimento.
Entre Ti, ó Deus, e todas as criaturas
há como um nexo líquido.
Ó mundo liberal,
compreendo por que me estás presente:
o Eterno está conosco e onde estiver a criatura
o Criador não a deixa!

Tu me Enlaças, Senhor

Antoine de Saint-Exupéry (1900-1944)

Senhor, a missão do tempo que se escoa
é de curar-nos e de transformar-nos
em alegria para Tua glória.
Senhor, abre-nos de par em par a Tua porta
e faze-nos penetrar lá onde nada será respondido
porque não haverá mais resposta,
mas haverá beatitude,
que é resposta a todas as perguntas
e presença que satisfaz!

De uns e de outros eu não solicito o amor para mim...
Pouco importa que me ignorem ou me odeiem,
conquanto me respeitem
como o caminho que conduz a Ti;
porque o amor eu solicito somente a Ti,
a quem pertenço e a quem eles pertencem
atando o feixe dos movimentos de suas adorações
e o confiando a Ti.
Eu também me dirijo ao longo da rampa,
que estou subindo, para a serenidade de Deus,
aceitando as renúncias que são condições para a alegria,
como a imobilidade das crisálidas
é condição para alçar o vôo.
Tu me enlaças, Senhor, no mais alto que eu...
Sei que não chegarei à paz e ao amor sem Ti...
Porque somente em Ti, Senhor,
se confundem, enfim,
numa unidade sem conflitos,
o amor e as condições do amor!

Medo Intercede pelo Homem

GEORGES BERNANOS *(1888-1948)*

Quando te sentires perdida é porque cumpriu-se a tua tarefa. Teu fim se aproxima. Não procures compreender. Não te preocupes. Permanece tranqüila. Até tua oração poderia ser, às vezes, uma inocente esperteza, um meio como qualquer outro de fugir, de evadir-se, pelo menos de ganhar tempo.

Jesus rezou na cruz, mas também gritou, chorou, entrou em convulsões, como fazem os moribundos. Mas houve algo de mais precioso: o minuto, o longo minuto de silêncio, após o qual tudo foi consumado.

Até o medo pode nos fazer entrar no paraíso. O medo também é filho de Deus, resgatado na noite da sexta-feira santa. Ele não é belo de se ver. É, às vezes, escarnecido, às vezes, maldito, rejeitado por todos... E, entretanto, não te enganes, ele está à cabeceira de cada agonia e intercede pelo homem.

Eu Pertenço ao Dia

Dag Hammarskjöld (1905-1959)

Lá, onde a lâmina do horizonte
abriu no espaço
uma ferida,
o dia perde lentamente o seu sangue.
Em suas veias esvaziadas
infiltram-se as trevas,
e o corpo se enrijece,
transido pelo frio da noite.

Por sobre o morto se acendem
mudas estrelas.

Senhor — a Ti pertence o dia,
e eu pertenço ao dia.

Meio Divino

Theilhard de Chardin (1881-1955)

Jesus,
Salvador da atividade humana,
à qual trouxeste uma razão para agir,
Salvador da humana dor,
à qual trouxeste um valor de vida,
sê a salvação da unidade humana,
forçando-nos a abandonar as nossas mesquinharias
e a nos aventurar, apoiados em Ti,
pelo oceano desconhecido da caridade.

Trovas ao Deus Sacramental

Leonardo Boff

Senhor, entra na minha morada
quebrada e sem janelas.
A porta escancarada
não tem chaves nem cancelas.

Apieda-te de cada canto!
Acende as luzes mortas
para trazerem encanto
às coisas direitas e tortas.

É a ti que eu busco
com uma ânsia inaudita
na luz e no lusco-fusco.
Na hora bendita e maldita!

Encontrei-te, meu Deus, afinal
concreto, forte e quente
o Deus perto, sacramental.
Um contigo, corpo e mente.

Guarda-me em tua memória
como te guardo na minha.
Façamos uma só história
a tua entrando na minha.

Vinho e a Taça

LEONARDO BOFF

Profunda harmonia!
Deus não estava distante,
distante de modo nenhum.
Os sons em sinfonia
faziam tudo ficar um.
Uma força pura e constante
ligava cada ser, um a um.

Deus era o Eu mais profundo
que carregava meu eu consciente.
Ele me tomava pela raiz, pelo fundo
unindo coração, corpo e mente.
Sentir que não há um fora!
Viver intensa e plenamente
cada momento, aqui e agora!

Essa situação não era a graça?
A presença suprema do Ser
que tudo une e enlaça?
Agora posso sentir e ver:
o vinho precioso e a taça
eram um único Ser.
Graça dentro de Graça!

O Outro

Leonardo Boff

Corri mundos para decifrar meu olhar interrogante.
Procurei terras para encontrar-me a mim mesmo.
Andei tonto, perdido em viagem estafante
por vias e desvios, em direções a esmo.

Queria ver-me em tudo; a face ardia
em chamas com perguntas e enigmas.
Enfim mirar-me e ver-me eu queria
para decifrar as marcas e os estigmas.

Mirei-me em lagos de profundas águas
e respondiam perguntando: quem és tu?
Afoguei no barro as minhas mágoas
e ele, surdo, devolvia: quem és tu?

Refleti-me no olho claro e humano
e as questões permaneciam.
Como morre uma moeda no oceano
morriam as respostas que se ouviam.

Como um harpão fisgando a esmo
voltavam as perguntas irrespondidas.
Refletiam a figura de mim mesmo
como em espelhos de figuras distorcidas.

Em vão percorri a terra inteira
para encontrar uma resposta
à pergunta sempre sorrateira:
quem és tu? Questão de novo posta!

Onde estou? Quem sou eu?
Me toco e me pergunto
se sonho que sou eu
ou se o sonho e o eu vivem junto?

Mas um dia, bendito dia,
encontrei um feliz fim.
Trilhando a direta via
perguntei a quem perguntava em mim.

Então ouvi a voz de milhões de anos:
"entra em ti em profunda unção"!
Eis a revelação dos arcanos:
"o Outro? É Deus no coração".

Mística sem Deus

Mesmo aqueles que explicitamente negam a
Deus ou duvidam da sua existência, implicitamente,
ou em algumas fases da sua existência, o buscam às
apalpadelas. Muitos, por vezes, deixaram um testemunho
especificamente cristão, que, embora depois reneguem,
exprimem vivências muito semelhantes às dos grandes
místicos. Provavelmente, a mística sem Deus
será uma das correntes predominantes
entre as místicas do século XXI.

Oração Pedindo Fé

Anônimo

Ó Deus, se Tu existes (e eu não estou certo disto) e se podes ouvir esta oração (e eu não sei bem se podes), quero que saibas que sou um sincero pesquisador da verdade. Minha mente está aberta; desejo crer. Minha vontade está *rendida*, estou pronto a obedecer. Ensina-me a verdade. Mostra-me se Jesus é teu filho e Salvador do mundo. E, se trouxeres a convicção para a minha mente, prometo-me que Te aceitarei como meu Salvador, até o fim, e seguir-Te-ei como meu Senhor — Amém.

Senhor, Venho a Vós como um Menino

André Gide (1869-1951)

Senhor,
não deixes o Maligno tomar teu lugar em meu coração!
Não Te deixes desalojar, Senhor!
Se Te retirares completamente, ele se instala em mim.
Não me confundas totalmente com ele!
Eu não o amo tanto assim... eu Te asseguro.
O Evangelho é um pequeno livro extremamente simples,
que é preciso ler simplesmente:
Senhor, venho a Ti como um menino,
como o menino que quisestes que eu me tornasse,
como o menino que se torna quem quer que a Ti se abandone.
Eu renuncio a tudo o que constituía o meu orgulho
e que diante de Ti era a minha vergonha.
Escuto e Te submeto o meu coração.
Senhor, possa a minha prece, como a das almas muito puras,
Não ser mais que o teu reflexo, que torna a Ti
quando Te inclinas sobre mim.

Livro de Horas

Rainer Maria Rilke (1875-1926)

Vivo a minha vida em crescentes anéis,
que vão envolvendo as coisas.
Talvez não chegue a completar o último,
mas quero tentá-lo.
Giro em volta de Deus, da torre antiqüíssima,
e giro há milhares de anos;
e ainda não sei: sou falcão, sou tormenta,
ou uma grande canção?

Vizinho Deus, se muitas vezes Te importuno
na noite longa com pancadas fortes,
é só porque raro Te ouço respirar
e sei que estás só na sala.
E quando precisares de alguma coisa,
não há ninguém
que Te chegue o gole que procuras:
estou sempre à escuta. Basta dares o sinal.
Estou mesmo ao pé.
Só um tabique estreito nos separa,
por puro acaso; pois podia ser
que um grito da Tua ou da minha boca
o fizesse cair sem ruído nem som.
Que o tabique é feito de imagem de Ti.
E as Tuas imagens estão diante de ti como nomes.
E quando uma vez se acendam em mim a luz
com que minha fundura Te conhece,
vai esbanjar-se em brilho nas molduras.

E os meus sentidos, que breve desfalecem,
estão sem pátria e apartados de Ti.

Que Farás Tu, Meu Deus, Quando Eu Morrer?

RAINER MARIA RILKE

Que farás Tu, meu Deus, quando eu morrer?
Sou a Tua ânfora (quando me quebrar?)
Sou a Tua bebida (quando me estragar?)
Sou o Teu hábito e o Teu ofício,
contigo perdes Tu o Teu sentido.

Depois de mim não tens casa, com palavras
próximas e quentes para Te saudar.
Vai cair de Teus cansados pés
a sandália de veludo, que sou eu.
O Teu grande manto desprende-se de Ti.
O Teu olhar, que eu com minha face
quente como um travesseiro Te recebo,
virá, e me buscará longamente
e irá deitar-se, ao sol-pôr,
no regaço de pedras estranhas.

Que farás Tu, meu Deus? Tremo de medo.

Se Existisse um Deus

PAUL VALÉRY *(1871-1945)*

>Se existisse um Deus!
>Penso que viria encontrar-me na minha solidão.
>Parece-me familiar no coração da noite.
>Não me sentirei de modo algum perturbado por Ele;
>permanecerei apenas admirado em descobrir
>que o que me parece universal,
>na realidade, é algo de muito particular.

A Balada do Grande Companheiro

*Ezra Pound (1885-) — contada por Simão Zelotes,
algum tempo após a crucifixão*

Teremos perdido o nosso melhor Companheiro
para os padres e o madeiro?
Ele sempre gostou de homens musculosos
e do mar aberto.

Quando eles vieram com uma tropa agarrar o nosso Homem,
seu sorriso era bem de ver:
"Deixai primeiro sair a estes", disse Ele,
nosso grande Companheiro,
"senão eu vos destruirei", afirmou Ele.

Então Ele nos fez passar sob as altas lanças cruzadas
e o desprezo do seu riso soou livre.
Por que não me prendestes quando eu andava
sozinho pela cidade?

Ó como bebemos a sua "Força" no bom vinho vermelho,
quando estivemos juntos pela última vez.
Não era um padre capão o nosso Companheiro,
mas um homem macho era Ele.

Eu O vi expulsar cem homens,
brandindo um amarrado de cordas,
quando eles usaram a santa e alta casa
como penhor e tesouraria.

Eles não o podem confundir com livros, acho,
por mais que os escrevam cheios de dificuldades.
Não era nenhum rato das escrituras o nosso Companheiro,
mas sempre amou o mar aberto.

Se eles pensam que apanharam o nosso grande Companheiro,
estão loucos em último grau.
"Para mim é ir a uma festa", dizia o nosso Companheiro,
"quando subir no madeiro."

"Vós me vistes curar os coxos e os cegos
e despertar os mortos", diz Ele,
"mas ireis ver uma coisa que é a maior de todas,
que é um homem valente subir ao madeiro."

Um filho de Deus era o grande Companheiro,
que nos convidou para ser seus irmãos.
Eu O vi domar mil homens,
eu O vi sobre o madeiro.

Ele não gritou quando pregaram os cravos
e o sangue jorrou quente e livre.
Os cães do céu vermelho latiram e uivaram,
mas Ele não deu nenhum grito.

Eu O vi domar mil homens
nos montes da Galiléia.
Eles choravam enquanto Ele calmamente andava,
com seus olhos cinzentos como o mar.

Como o mar que não tolerava viagens,
com seus ventos desatrelados e livres,
como o mar que Ele domou em Genesaré,
com duas palavras ditas de repente.

Um Senhor dos homens era o grande Companheiro,
um parceiro do mar e do vento.
Se eles pensam que mataram o grande Companheiro,
estão eternamente loucos,
eu O vi comer o mel dos favos,
depois que eles O pregaram no madeiro.

Oração de Paz

A primeira oração humana foi e será uma súplica ao Criador pela plena realização do homem e pela sobrevivência da espécie. E, mais do que qualquer outro século, o século XXI, à beira do caos, tem necessidade dela.

Prece de um Astronauta

Comandante Frank Borman, também pregador leigo da
Igreja Episcopal de São Cristóvão, Houston, Texas, EUA

> Dai-nos, ó Deus, a visão que pode enxergar o Vosso amor no
>   Mundo, a despeito dos fracassos humanos;
> dai-nos a fé para entregarmo-nos à Vossa vontade,
>   Apesar da nossa ignorância e da nossa fraqueza;
> dai-nos o conhecimento, para que possamos continuar
>   dirigindo-nos a Vós com o coração sensível, e
> mostrai-nos o que cada um de nós pode fazer para apressar
>   a chegada do dia da paz universal.

(Primeira prece humana feita fora do nosso planeta, quando a nave Apolo 8 completava a sua terceira volta em torno da Lua, a 120 km da face do astro.)

Oração pela Paz
LEOPOLD SENGHOR

Senhor Jesus,

No início do Grande Ano, sob o sol da tua paz, sobre os telhados nevados de Paris,

Eu sei que o sangue de meus irmãos avermelhará novamente o oriente amarelo, às margens do oceano Pacífico violadas por ódios e tempestades.

Eu sei que este sangue é a porção primaveril com que os grandes corruptos engordam as suas posses.

Senhor, aos pés desta cruz — Tu já não és a árvore da dor, pois a África está crucificada sobre o Velho e o Novo Mundo.

E o seu braço direito estende-se até o meu país e o esquerdo sombreia a América.

E seu coração é a querida Haiti. Haiti que ousou proclamar ao Homem, colocando-se diante do trono —

Aos pés de minha África em cruz há já quatrocentos anos — e que ainda respira.

Permite-me, Senhor, que Te leve sua oração de paz e perdão.

Senhor Deus! Perdoa a Europa branca!

É verdade, Senhor, que durante quatro séculos de luzes lançou suas babas e incitou o ladrar dos seus cães sobre minhas terras;

E os cristãos, desprezando Tua luz e a mansidão do Teu coração, aqueceram seus lares com meus pergaminhos, torturaram meus letrados, deportaram meus doutores e mestres da ciência.

E seu chumbo abateu a magnificência dos palácios e das alturas; e suas bombas atravessaram os costados de impérios vastos como o claro do dia, desde o extremo Ocidente até o horizonte do Oriente,

E como caçadores sem lei incendiaram os bosques sagrados, zombando das pacíficas barbas de nossos Gênios e Anciãos.

E de seu mistério fizeram distração dominical de burgueses sonâmbulos.

Senhor, perdoa a todos os que fizeram de meus guerreiros rebeldes emboscados e sargentos dos meus príncipes...

Senhor, o cristal de meus olhos se ofusca.

A serpente do ódio levanta sua cabeça em meu coração,

A serpente que produz a morte...

Mata-a, Senhor,

Porque preciso continuar meu caminho.

Visão da Paz

Maria Isabel Ferreira

Envolvida de chamas estou.
Mas o canto é frio e sereno,
a voz é doce cristal.

Primaveras de ódio cobrem as montanhas.
Lírios rubros. Rubro perfume.

Os pássaros são corações rápidos.
E o luar, quando chega, desenrola um infindável rubi.

Pátria de fogo esta! Reino sangrento!
Mas não sofras por mim, amigo.
Não te inquietes pela minha prodigiosa aventura.

Bem sabes que minha canção é feita de água.
E que, para andar na terra do ódio,
tenho um vestido branco.

ORAÇÃO
DO COTIDIANO

Uma prece para cada instante da vida, pois que a própria vida pode ser uma oração; num mundo invertido pela tecnologia, nada é mais importante do que voltarmos às nossas raízes.

Oração da Manhã

ATRIBUÍDA A SÃO FRANCISCO DE ASSIS

Senhor!

No início deste dia, venho pedir-Te
saúde, força, paz e sabedoria.

Quero olhar hoje o mundo com olhos cheios de amor,·
ser paciente, compreensivo, manso e prudente;

ver além das aparências, Teus filhos como Tu mesmo os vês,
e assim não ver senão o bem em cada um.

Cerra meus ouvidos a toda calúnia.
Guarda minha língua a toda maldade.

Que só de bênçãos se encha o meu espírito.

Que eu seja tão bondoso e alegre, que todos quantos
se achegarem a mim sintam a Tua presença.

Reveste-me de Tua beleza, Senhor, e que,
no decurso deste dia, eu Te revele a todos. Amém.

Dá-me o Humor

THOMAS MORUS

Senhor, dá-me uma boa digestão,
mas também algo para digerir.
Dá-me a saúde do corpo
com o bom senso de cuidar dela.
Não permitas que eu me preocupe demais
com esta coisa incômoda que se chama o "eu".
Dá-me uma alma pura, que saiba ver a beleza,
que não se espante ao ver o pecado,
mas que saiba recompor a situação.
Dá-me uma alma que ignora o tédio,
os gemidos e os suspiros.
Senhor, dá-me o humor,
para que eu saiba encontrar a felicidade nesta vida,
e comunique essa felicidade aos outros.

Oração das Cozinheiras

Cecily Hallak

Senhor das cozinheiras, como me falta tempo
para ser santa fazendo coisas maravilhosas,
rezando longamente,
e velando Contigo nas vigílias da noite
para forçar as portas do céu.
É preciso que me faças santa,
preparando comida e lavando pratos.

Senhor das cozinheiras, aceita o grande incômodo
de limpar o fundo das panelas e os pratos cheios de gordura.
Recorda-me, ó meu Deus, que para agradar-Te
não devo pretender voar acima dos cumes,
mas aprender a preparar, humildemente,
a mesa, enquanto rezo.

Toma estas minhas mãos calosas,
que se tornaram ásperas em Teu serviço.
Que esta escova seja para ti um arco,
que, sobre estas frigideiras,
interprete uma música celestial.

Tenho as mãos de Marta, mas a alma de Maria,
e quando dou brilho aos sapatos
é de Tuas sandálias que estou cuidando.
Penso em esfregar o chão
que Teus pés pisaram esta terra.
Aceita esta oração, porque não tenho tempo de fazer mais.

Que todas as cozinhas com Teu amor se aqueçam!
E com a tua paz se iluminem!
Acalma os ruídos e as murmurações,
Tu que um dia, marginalizado,
preparaste a Tua ceia.
Perdoa ao mundo que diz:
"Poderá acaso da pobre Nazaré
sair algo para Deus que seja bom?"

(Esta oração foi composta para reconfortar uma violinista que, durante a guerra de 1939-1945, estragava seus dedos trabalhando como cozinheira.)

Oração do Lar

MOVIMENTO FAMILIAR CRISTÃO

Senhor, vela por nosso lar — que não se lhe apague o fogo.
Cuida desta casa — que se mantenha em Tua paz.
Guarda o amor que nos deste — nada o consiga violar.

Sabemos a quem nos confiamos,
pois dos anos que precisaste para reunir o mundo inteiro,
quase todos dedicaste à Família —
que também tiveste.

Dá-nos hoje o pão de cada dia:
acode às nossas precisões e conserva-nos a alegria,
Tu que não deixaste esmorecer o júbilo de uma festa de casamento,
provendo, com Teu primeiro milagre —
aos rogos de u'a mãe que é Tua e nossa —
a que nem o vinho faltasse.

Sê atento à saúde corporal e espiritual de nossos filhos,
nosso maior bem nesta vida,
Tu que das crianças foste o mais doce amigo
e pelo amor de sua inocência duramente ameaçaste
quem a tentasse corromper.

Crescem eles sob o nosso olhar ansioso,
e como queremos que lhes caiba
o que de Ti foi dito —
"Ia crescendo em juízo,
tamanho e graça diante de Deus e dos homens"! —
mereçam, também eles,
aquele Teu olhar de amor,
que os guarde fiéis a Ti.

Fica, Senhor, conosco,
já que somos dois —
mais de dois —
reunidos em Teu Nome.

Dize-nos também
"É em tua casa que hoje tenho de pousar",
para que ela se salve porque Te acolheu.
Entre nossos retratos sorridentes,
o que de Ti guardamos é o de quem padeceu crucificado,
para que não fosse vã nossa alegria.

Revela-nos, pois,
Tua presença no riso de nossos filhos,
em nossas expansões de afeto e —
mais ainda! — nas renúncias que nos inspirais
para a felicidade da nossa casa.

Senhor, Dá-nos a Inteligência

Marie Noël

Senhor, faz-nos compreender
que uma verdade é muito mais viva
quando ela se move,
quando ela evolui
e traz novos frutos
em cada estação.
Quando muda diante de nossos olhos
com a hora do dia,
com a idade do homem,
com o passar dos séculos,
mas permanece, em substância,
para todos; séculos e homens,
sempre iluminadora,
sempre vivificadora,
alimentando-nos a cada dia
e levando-nos à nossa perfeição!
Senhor, dá-nos a inteligência!

Não Recebi Nada do que Pedi

ORAÇÃO DE UM ATLETA AMERICANO QUE, AOS 24 ANOS, FICOU PARALISADO E ENCONTROU DEUS NO SOFRIMENTO

Pedi a Deus para ser forte,
a fim de executar projetos grandiosos,
e Ele me fez fraco,
para conservar-me a humildade.
Pedi a Deus que me desse saúde,
para realizar grandes empreendimentos,
e Ele me deu a doença,
para compreendê-lo melhor.

Pedi a Deus a riqueza,
para tudo possuir,
e Ele me deixou pobre,
para não ser egoísta.
Pedi a Deus o poder,
para que os homens precisassem de mim,
e Ele me deu a humildade,
para que eu precisasse de Deus.
Pedi a Deus *tudo*,
para gozar a vida,
e Ele me deixou a vida,
para eu poder gozar de tudo...

Senhor, não recebi nada do que pedi,
mas me deste tudo de que eu precisava.
E quase contra a minha própria vontade,
as preces que eu fiz não foram ouvidas.

Louvado sejas, ó meu Deus!
Entre todos os homens,
ninguém tem mais do que eu!

Oração para a Velhice

Teilhard de Chardin

Meu Deus, era-me agradável, no meio do esforço, sentir que, desenvolvendo-me a mim mesmo, eu aumentava o domínio que tendes sobre mim. Era-me doce ainda, sob o impulso interior da vida ou no meio do jogo favorável dos acontecimentos, abandonar-me à Vossa providência. Fazei que, depois de ter descoberto a alegria de utilizar todo crescimento para fazer-Vos crescer em mim, eu tenha acesso sem perturbação a esta última fase da comunhão no decurso da qual eu Vos possuirei absorvendo-me em Vós.

Sim, quanto mais no fundo de minha carne se enraíza, incurável, o mal, tanto mais pode ser Vós que eu abrigo como um princípio de amor atuante de purificação e de despojamento. Quanto mais o futuro se abre diante de mim, como um abismo vertiginoso ou uma passagem obscura, tanto mais, aventurando-me nele, apoiado em vossa palavra, posso ter confiança em me perder ou em me abismar em Vós, de ser assimilado por Vosso corpo, Jesus.

Não basta morrer comungando, ensinai-me a comungar morrendo.

Oração para os que Estão Envelhecendo

Santa Teresa D'Ávila (1515-1592)

Ó Senhor, Tu sabes melhor do que eu
que estou envelhecendo a cada dia.
E que um dia estarei velha.
Livra-me da tolice de achar que devo
dizer algo em todas as ocasiões.
Livra-me do desejo enorme de pôr em
ordem a vida dos outros.
Ensina-me a pensar sobre os outros,
a ajudar os outros,
sem me impor sobre eles.
Apesar da enorme sabedoria que acumulei
(seria uma pena não passá-la para os outros)
tu sabes, Senhor, que eu desejo
preservar alguns amigos...
Livra-me da tolice de querer
contar todos os detalhes
e dá-me asas para voar diretamente
ao ponto que interessa.
Ensina-me a fazer silêncio
Sobre doenças e dores.
Elas estão aumentando e, com isso,
a vontade de descrevê-las aumenta também
a cada ano que passa.
Não ouso pedir o dom de ouvir com alegria
as descrições das doenças dos outros.
Ensina-me simplesmente a suportá-las com paciência.
Ensina-me a maravilhosa sabedoria
de saber que posso estar errada.
Mantém-me o mais amável possível.
Não quero ser santa.
É tão difícil conviver com os santos!
Mas um velho rabugento é a obra-prima do diabo.
Ensina-me a descobrir talentos inesperados nos outros
e dá-me, Senhor, o belo dom de dizer a eles
que descobri os seus talentos.

Oração das Profissões

Todos aqueles que trabalham no
mundo tecnológico, louvai o Senhor!

O bom exercício das profissões e da transmissão
do conhecimento com uma visão solidária e não
competitiva é que no século XXI vai se conseguir
reverter este processo de violência e destruição.
Portanto, o bom exercício do trabalho está no
centro da sobrevivência da nossa espécie.

Servir

GABRIELA MISTRAL *(1889-1957)*

Toda a natureza é uma aspiração de servir.
Nessa vontade:

    serve a nuvem,
    serve o vento,
    servem os sulcos do arado.
Onde houver uma árvore a plantar,
    deves plantá-la tu;
onde houver um erro a emendar,
    deves emendá-lo tu;
onde houver um esforço a que todos neguem,
    deves aceitá-lo tu.

Sê aquele que
    Retirou a pedra do caminho,
    o ódio entre os corações
    e as dificuldades do problema.
Há a alegria de ser sadio
e a de ser justo;
mas há, sobretudo,
    a formosa,
    a imensa alegria de servir.
Que triste seria o mundo,
    se tudo nele estivesse feito.
Se não se pudesse nele plantar uma flor,
    ou iniciar uma conquista!

Não.
Não gostes apenas dos trabalhos fáceis.
É belo fazer-se os que os outros evitam
    porque é difícil!
Não caias no erro de acreditar
    que só há grandeza nos grandes trabalhos:
    há pequenos serviços,
    que são imensos trabalhos:

adornar a mesa,
pentear uma criança,
plantar uma flor...
Há uns que criticam,
há outros que destroem
    — sê tu o que serve.

Servir
não é tarefa dos inferiores.
Deus,
que dá o fruto e a luz
    — serve.
Poderemos chamá-Lo:
    "O que serve!"
Quando o crepúsculo chegar,
fixa teus olhos em tuas mãos,
e pergunta cada dia:
— serviste hoje?
A quem?
À árvore, ao teu amigo, à tua mãe?

Oração da Mestra

GABRIELA MISTRAL

Senhor, Tu que ensinaste,
perdoa se eu ensino,
se levo o nome de mestre que levaste pela terra.
Concede-me o amor único da minha escola,
que nem o sortilégio da beleza seja capaz de roubar-lhe
minha ternura todos os dias.

Mestre, faz perdurável a minha paixão
e passageiro o desencanto.
Arranca de mim este impuro desejo de justiça
que ainda me perturba;
a revolta que nasce dentro de mim quando estou ferida;
que não me doa a incompreensão,
nem me entristeça o esquecimento
daqueles a quem ensinei.

Concede-me o ser mais mãe que as mães,
para poder amar e defender,
com elas,
o que "não é carne de minha carne";
que eu chegue a fazer,
de um de meus alunos,
meu verso mais sublime
e a deixar nele gravada
minha mais insinuante melodia
para quando meus lábios não cantarem mais.

Torna-me possível Teu Evangelho,
em meu tempo,
para que eu não esmoreça na luta de cada hora por ele.
Põe, em minha escola democrática,
o resplendor que descia sobre o Teu coro de meninos descalços.

Faz-me forte, ainda em meu desvalimento de mulher,
e de mulher pobre;
faz-me desprezar todo poder que não seja puro,
toda pressão que não seja a de Tua vontade ardente
sobre a minha vida.

Amigo, acompanha-me! Sustém-me!
Muitas vezes não terei senão a Ti, a meu lado.
Quando minha doutrina seja mais verdadeira,
e, mais causticante minha verdade,
eu ficarei sem os mundanos,
mas Tu me acolherás em teu coração
que muito soube já de solidão e desamparo.

Só em Teu olhar,
buscarei as aprovações.
Dá-me singeleza,
e dá-me profundidade;
livra-me, Senhor,
de ser complicada ou banal
em minha lição cotidiana.

Concede-me levantar os olhos do meu peito ferido,
ao entrar cada manhã em minha escola;
que não leve à minha mesa de trabalho
meus mínimos afazeres materiais,
minhas ínfimas dores.

Torna leve a minha mão ao castigar,
e mais suave, ainda,
na carícia.
Repreenda eu com sentimento
para saber que corrigi amando.

Permite que construa de espírito minha escola de tijolos;
que a flama de meu entusiasmo envolva seu edifício pobre,
sua sala desnuda.
Meu coração seja mais coluna,
e minha boa vontade mais ouro que as colunas
e o ouro das escolas suntuosas.

Enfim, lembra-me, desde a palidez da tela de Velásquez,
que ensinar e amar intensamente sobre a terra
é chegar ao último dia com a lança de Longino
espetada de lado a lado.

Salmo do Pintor

RENÉ DIONNET

Louvai o Senhor, pintores do Senhor,
recriando o mundo em seis dias de amor!
Louvai-o com os primitivos!
Louvai-o nas paredes do santuário ou da casa...
Louvai-o nas telas e nos murais!
Louvai-o na terra verde, suporte da vida...
Louvai-o no vermelho, símbolo de teu amor!
Louvai-o no branco, emanação de teu poder
e no azul, símbolo da sabedoria!
Louvai-o nas palhetas da jubilação...
Louvai-o no atelier do trabalho...
Louvai-o na natureza, com os pássaros!
Louvai-o com a erva do chão...
Louvai o Senhor, pintores do Senhor,
pois vossa alma é uma bênção de Deus,
imitação de seu poder criador!

Oração dos Artistas

Leon Adolphe Willette (1857-1926)

Senhor,
os que Te saúdam, antes de morrer,
são os que criaste à Tua imagem
para que eles, por sua vez, criassem a arte.
São os pobres em espírito,
que desdenham o ouro diabólico.
São arrivistas que chegaram tarde para Ti,
mas que aspiram à Tua glória.
Nas arenas tenebrosas deste mundo,
com as armas que nos deste,
enfrentamos as multidões opacas
que só querem vilipendiar-nos,
caso falhemos em nossa tarefa...
Senhor, nós Te saudamos,
antes de sucumbir!

Oração do Palhaço

Robert de Montesquiou *(1855-1921)*

A maquilagem espessa recobre o meu rosto,
nem mesmo eu consigo reconhecer-me,
durmo durante o dia e pálido desperto
para tornar-me outro durante o calor das noites.

Mudando a condição e escondendo a idade,
devo representar papéis tristes ou alegres.
Fazem rir os trejeitos de meu rosto triste,
não é para mim que rolam as minhas lágrimas.

Representei a comédia, também vivi o drama.
O que resta de mim não sei muito bem.
Só Vós, Senhor, podereis reconhecer minha alma,
e todos os corpos que tomei por empréstimo.

Oração do Dirigente de Empresa

ANÔNIMO

Senhor onipotente e Pai bondoso,
que criaste todas as coisas temporais
para servir e deleitar o homem,
no caminho para seu destino final;

    E que nos chamaste a colaborar contigo,
    na tua criação
    e na Tua providência,
    ao marcar-nos
    com a vocação de dirigente de empresa.

Infunde-nos um fiel espírito de justiça
e um ardente desejo de caridade;

    a fim de que, no nosso esforço
    para descobrir,
    para transformar,
    para distribuir
    os bens materiais,
    busquemos sempre
    a promoção integral
    dos nossos irmãos, os homens:

e para que servindo-os a eles
por Ti e em Ti,
com nossas atividades,

    ascendamos todos juntos,
    pela escala dos bens materiais,
    até a posse dos eternos bens.

É o que Te pedimos
por Cristo Nosso Senhor.

Nossos poetas louvam a Deus

Os poetas portugueses modernos ou contemporâneos, por vezes com traços de dúvida, de amargura ou de ironia, exprimem, no conjunto, a robustez da fé dos seus antepassados. E os brasileiros, com irreverência, perplexidade, inquietação e veneno, numa palavra perpassam as suas obras, exprimindo perfeitamente a originalidade, a exuberância e, por vezes, a extravagância da alma deste povo, de sangue quente e imaginação desenfreada, herdados do índio e do africano. Por isso resolvemos colocar algumas orações de poetas de língua portuguesa em seção separada.

Eu, Pecador, Me Confesso

MIGUEL TORGA

Aqui, diante de mim,
eu, pecador, me confesso
de ser assim como sou.
Me confesso o bom e o mau
que vão ao leme da nau
nesta deriva em que estou.

Me confesso
possesso
das virtudes teologais,
que são três
e dos pecados mortais,
que são sete,
quando a terra não repete
que são mais.

Me confesso
o dono das minhas horas,
o das facadas cegas e raivosas
e o das ternuras lúcidas e mansas.
E de ser de qualquer modo
andanças
do mesmo todo.

Me confesso de ser charco
e luar de charco, à mistura.
De ser a corda do arco
que atira setas acima
e abaixo de minha altura.

Me confesso de ser tudo
que possa nascer de mim.
De ter raízes no chão
desta minha condição.
Me confesso de Abel e Caim.

Me confesso de ser homem.
De ser um anjo caído
do tal céu que Deus governa;
de ser um monstro saído
do buraco mais fundo da caverna.

Me confesso de ser eu,
eu, tal e qual como vim,
para dizer que sou eu
aqui, diante de mim!

Ao Deus Desconhecido

José Régio (1901-1969)

Desisti de saber qual Teu nome,
se tens, ou não tens nome, que Te demos,
ou que rosto é que toma, se algum tome,
Teu sopro tão além de quanto vemos.

Desisti de Te amar, por mais que a fome
do teu amor nos seja o que mais temos,
e empenhei-me em domar, nem que os não dome,
meus, por Ti, passionais e vãos extremos.

Chamar-Te Amante ou Pai... grotesco engano,
que por demais tresanda a gosto humano!
Grotesco engano o dar-Te forma!

E enfim
desisti de Te achar no que quer que seja,
de dar-Te nome, rosto, culto ou igreja...
— Tu é que não desistirás de mim!

Gládio

Fernando Pessoa (1888-1935)

Deu-me Deus o seu gládio, por que eu faça
    a Sua santa guerra.
Sagrou-me Seu, em gênio e desgraça,
às horas em que um frio vento passa
    por sobre a fria terra.

Pôs-me as mãos sobre os ombros e dourou-me
    a fronte com o olhar;
e esta febre de Além que me consome,
e este querer — justiça é seu nome —
    dentro de mim a vibrar.

E eu vou, e a luz do gládio erguido dá
    em minha face calma.
Cheio de Deus não temo o que virá,
pois venha a que vier, nunca será
    maior do que minha alma!

Oração

Ismael Nery (1900-1934)

Meu Deus, para que pusestes tantas almas num só corpo?
Neste corpo neutro que não representa nada do que sou,
neste corpo que não me permite ser anjo nem demônio,
neste corpo que gasta todas as minhas forças
para tentar viver sem ridículo tudo que sou.

— Já estou cansado de tantas transformações inúteis.
Não tenho sido na vida senão um grande ator sem vocação,
ator desconhecido, sem palco, sem cenários, sem palmas.

— Não vedes, meu Deus,
que assim me torno, às vezes, irreconhecível
à minha própria mulher e a meus filhos,
a meus raros amigos e a mim mesmo?

— Ó Deus estranho e misericordioso, que só agora compreendo!
Dai-me, como Vós tendes, o poder de criar corpos para as minhas
[almas]
ou levai-me deste mundo, que já estou exausto,
eu que fui feito à vossa imagem e semelhança,
Amém!

Poema do Cristão

Jorge de Lima (1895-1953)

Porque o sangue de Cristo
jorrou sobre os meus olhos,
a minha visão é universal
e tem dimensões que ninguém sabe.
Os milênios passados e os futuros
não me entendem, porque nasço e nascerei,
porque sou uno com todas as criaturas,
com todos os seres, com todas as coisas
que eu decomponho e absorvo com meus sentidos
e compreendo com a inteligência
transfigurada em Cristo.

Tenho os movimentos alargados,
sou ubíquo: estou em Deus e na matéria;
sou velhíssimo e apenas nasci ontem,
estou molhado dos limos primitivos,
e ao mesmo tempo ressôo as trombetas finais,
compreendo todas as línguas, todos os gestos, todos os signos.
Tenho glóbulos de sangue das raças mais opostas.
Posso enxugar com um simples aceno
o choro de todos os irmãos distantes,
posso estender sobre todas as cabeças
um céu unânime e estrelado.
Chamo todos os mendigos para comer comigo,
e ando sobre as águas como os profetas bíblicos.
Não há escuridão mais para mim.
Opero transfusão de luz nos seres opacos,
posso mutilar-me e reproduzir meus membros,
como as estrelas-do-mar,
porque creio na ressurreição da carne e creio em Cristo.
E creio na vida eterna, amém!

Venho e irei como uma profecia,
sou espontâneo como a intuição e a fé.
Sou rápido como a resposta do Mestre,
sou inconsútil como uma túnica,

sou numeroso como a sua Igreja,
tenho os braços abertos com a sua cruz,
despedaçada e refeita todas as horas
em todas as direções nos quatro pontos cardeais
e sobre os ombros eu conduzo
através de toda escuridão do mundo,
porque tenho a luz eterna nos olhos.
E, tendo a luz eterna nos olhos, sou o maior mágico:
ressuscitado na boca dos tigres, sou palhaço, sou alfa e ômega,
peixe, cordeiro, comedor de gafanhotos,
sou ridículo, sou tentado e perdoado,
sou derrubado no chão e glorificado.
Tenho mantos púrpura e de estamenha,
sou burríssimo como são Cristóvão
e sapientíssimo como São Tomás de Aquino.
E sou louco, louco, inteiramente louco,
para sempre, para todos os séculos,
louco de Deus, amém!

E, sendo a loucura de Deus, sou a razão das coisas,
a ordem e a medida;
sou a balança, a criação, a obediência!
Sou o arrependimento, sou a humildade,
sou o autor da paixão e morte de Jesus;
sou a culpa de tudo.
Nada sou.
Tem piedade de mim, meu Deus,
segundo a tua misericórdia!

Espírito Paráclito

JORGE DE LIMA

Queima-me, Língua de Fogo!
Sopra depois sobre as achas incendiadas
e espalha-as pelo mundo
para que a tua chama se propague!
Transforma-me em tuas brasas
para que eu queime também como Tu queimas,
para que eu marque também como Tu marcas!
Esfacela-me com tua tempestade,
Espírito violento e dulcíssimo,
e recompõe-me quando quiseres.
Devora-me, renova-me,
ressurge-me em tua vontade criadora,
diante da morte e diante do nada!

Desata-me, Espírito Paráclito! Corta meus laços,
sopra a terra que há sobre a minha sepultura!
Enche-me de tua verdade e sagra-me teu apóstolo!
Amo como o poeta a forma com que Te apresentaste
à assembléia do Cenáculo!
E sinto a tua presença, a tua aproximação,
a tua unção sobre a minha alma!
Dá-me a tua fecundidade,
tua heroicidade e tua luz!
Unge-me teu sacerdote,
teu soldado, teu vinho, teu pão,
tua semente, tuas perspectivas!
Espírito Paráclito, dedo da direita do Pai,
soergue as minhas pálpebras descidas
e sopra sobre elas o teu hálito e tua essência!
Espírito Paráclito, Tu és o único pássaro,
que desce sobre mim na minha noite untuosa,
fura meus olhos para que eu veja mais,
para que eu penetre a unidade que Tu és,
a liberdade que Tu és
a multiplicidade que Tu és,
para eu subir em minha pequenez, e me abater em Ti!

Religião

MÁRIO DE ANDRADE (1893-1945)

Deus, creio em Ti! Creio na tua Bíblia!
Não que a explicasse eu mesmo,
porque a recebi das mãos dos que viveram as iluminações!
Catolicismo! Sem pinturas de Calixto!
As humildades!
No poço das minhas erronias,
vi que reluzia a Lua dos Teus perdoares!
Oh! Minhas culpas e meus tresvarios!
E as nobilitações dos meus arrependimentos,
chovendo para a fecundação das Palestinas!
Confessar!...
Noturno em sangue do Jardim das Oliveiras!
Naves de santa Ifigênia,
os meus joelhos criaram escudos de defesa contra Vós!
Cantai como me arrastei por Vós!
Dizei como me debrucei por Vós!
Mas dos longínquos veio o Redentor!
E no poço sem fundo das minhas erronias,
vi que reluzia a Lua dos seus perdoares!
"Santa Maria, mãe de Deus"...
A minha mãe da terra é toda meu entusiasmo!
Santa Maria dos olhos verdes, verdes,
venho depositar a Vossos pés verdes
a coroa de luz de minha loucura!
Alcançai para mim
a Hospedaria dos Jamais Iluminados!

Crucifixo

MANUEL BANDEIRA (1886-1969)

É um crucifixo de marfim
ligeiramente amarelado,
— pátina do tempo escoado.
Sempre o vi patinando assim.

Mãe, irmã, pai meus estreitado
tiveram-no ao chegar ao fim.
Hoje em meu quarto colocado,
ei-lo velando sobre mim.

E quando se cumprir aquele
instante, que tardando vai,
de eu deixar esta vida, quero
morrer agarrado com ele.
Talvez me salve como — espero —
minha mãe, minha irmã, meu pai.

Oração Secreta

HENRIQUETA LISBOA

Senhor, perdoa-me que eu não Te procure
nos teus dias de abundância e púrpura.
Perdoa que eu não esteja presente
aos teus rituais de luz e incenso.
Perdoa que eu não me associe à turba
quando és aclamado nas praças públicas.
E que nunca tenha sido porta-estandarte das Tuas insígnias.

Não é que me envergonhe de Ti, Senhor...
Foste Tu mesmo que me deste este pudor
por todas as coisas que se oferecem à claridade.
Não sei cantar em altas vozes.
Não sei expandir-me em gestos largos e notórios.
Não sei utilizar-me das coisas fulgurantes
e só compreendo o amor humildemente, às escondidas,
amar em silêncio, como as monjas...
da penumbra, como os que amam sem esperança...
com extremas delicadezas,
como se o meu amor estivesse para morrer...

Na tristeza e na obscuridade,
quando os homens se distraírem de Ti,
e se forem para a faina ou a volúpia diária,
deixando os Teus templos vazios,
então, Senhor, minha hora será chegada.
Entrarei devagarinho no Teu santuário,
acenderei de mãos trêmulas
lâmpada de óleo
e sentar-me-ei no chão, junto ao Teu tabernáculo,
imersa em pensamentos inefáveis...
Não rezarei, talvez, Senhor.

Meus lábios não sabem pronunciar em vão
aquelas fórmulas
que o tempo desfigurou na minha imaginação.
Meus lábios ficarão imóveis.

Não haverá em todo o meu ser
tanto abandono,
tanta adoração nos meus olhos,
tanta afinidade da minha atitude com o Teu ambiente,
que sentirás meu coração bater
dentro de Tuas mãos.

Serei então feliz, feliz docemente,
como uma enamorada tímida
a quem se adivinha.

Último Fragmento

Emílio Moura

Estou aqui, meu Deus, como se estivesse solto no espaço.
Sei que posso partir.
Vejo, lá fora, o Sol e compreendo perfeitamente
que tudo está banhado de sol.
Vamos partir! Vamos partir!
Mas não, meu Deus! Eu me sinto dentro de minha alma
como se, na verdade, fosse prisioneiro de mim mesmo.
Luto todos os dias e a solidão cresce.
Tantas raízes, meu Deus!

Foi por isto que eu Te construí em mim, como quem deseja
sentir que nada morre ou se desfigura.
Eu Te construí em mim, como quem deseja nascer de novo
ou como quem luta na sombra,
e incessantemente a sombra avança.
Fixar o que ainda é luz...
Inserir no efêmero o que há de ser eterno!
Ó hora esquiva! Ó formas vagas e fugitivas!
Ficai! Ficai em mim antes de tudo.

Desespero da Piedade

VINICIUS DE MORAES *(1913-1978)*

Meu Senhor, tende piedade dos que andam de ônibus
e sonham no longo percurso com automóveis, apartamentos...
Mas tende piedade também dos que andam de automóvel,
quando enfrentam a cidade movediça de sonâmbulos, na direção.

Tende piedade das pequenas famílias suburbanas
e em particular dos adolescentes que se embebedam aos domingos,
mas tende mais piedade ainda de dois elegantes que passam
e sem saber inventam a doutrina do pão e da guilhotina.

Tende muita piedade do mocinho franzino, três cruzes, poeta,
que só tem de seu as costelas e a namorada pequenina,
mas tende mais piedade ainda do impávido forte colosso do esporte
e que se encaminha lutando, remando, nadando para a morte.

Tende imensa piedade dos músicos dos cafés e das casas de chá
que são virtuoses da própria tristeza e solidão,
mas tende piedade também dos que buscam silêncio
e súbito se abate sobre eles uma ária da Tosca.

Não esquecerei também em vossa piedade os pobres que
                              [enriqueceram]
e para quem o suicídio ainda é a mais doce solução,
mas tende realmente piedade dos ricos que empobrecem
e tornam-se heróicos e à santa pobreza dão um ar de grandeza.

Tende infinita piedade dos vendedores de passarinhos,
que em suas alminhas claras deixam a lágrima e a incompreensão,
e tende piedade também, menor embora, dos vendedores de balcão
que amam as freguesas e saem de noite, quem sabe aonde vão...

Tende piedade da mulher no primeiro coito,
onde se cria a primeira alegria da criação
e onde se consuma a tragédia dos anjos
e onde a morte encontra a vida em desintegração.

Tende piedade da mulher no instante do parto,
onde ela é como a água explodindo em convulsão,
onde ela é como a terra vomitando cólera,
onde ela é como a Lua parindo desilusão.

Tende piedade das mulheres chamadas desquitadas,
porque nelas se refaz misteriosamente a virgindade,
mas tende piedade também das mulheres casadas,
que se sacrificam e se simplificam a troco de nada.

Tende piedade, Senhor, das mulheres chamadas vagabundas,
que são desgraçadas e são infecundas,
mas que vendem barato muito instante de esquecimento
e em paga o homem mata com a navalha, com o fogo, com o
                                                           [veneno.]

Tende piedade, Senhor, das primeiras namoradas
de corpo hermético e coração patético,
que saem à rua felizes mas que sempre entram desgraçadas,
que se crêem vestidas mas que na verdade vivem nuas.

Tende piedade, Senhor, de todas as mulheres,
que ninguém mais merece tanto amor e amizade,
que ninguém mais deseja tanto poesia e sinceridade,
que ninguém mais precisa tanto de alegria e serenidade.

Tende infinita piedade delas, Senhor, que são puras,
que são crianças e são trágicas e são belas,
que caminham ao sopro dos ventos e que pecam
e que têm a única emoção da vida nelas.

Tende piedade, Senhor, das santas mulheres,
dos meninos velhos, dos homens humilhados — sede enfim
piedoso com todos, que tudo merece piedade
e se piedade Vos sobrar, Senhor, tende piedade de mim!

Convite para Renascer

Paulo Gomide

NATAL: renascer no Cristo.
É fácil dizer, porém
nem todos entendem isto:
nascer é morrer também.

Morrer para a vida em Cristo.
Que vem a ser isto?
E quem deseja ser Cristo?
E visto que é Cristo, O encontrar no além.

Pois lá é que o Cristo é Cristo
tão nosso como em Belém.
Ó homens!, pensai bem nisto,
por Cristo Jesus — Amém.

Soneto de Jó

ODILO COSTA FILHO

Este grito, que é rio amargo, choro
que não é meu apenas, mas de todos
que o filtro das insônias decantou,
ouve-os, Senhor, que é o grito dos infelizes.
Perdi-me e Te procuro pela névoa,
no céu em fogo, no calado mar.
A Teus pés volto. Faça-se o que queres.
Tanto me deste que por mais que tires
sempre me resta do que Tu me deste.
Deus necessita do perdão dos homens
e é esse perdão que venho Te trazer.
Com o coração rasgado, mas ao alto,
Senhor, Te entrego os filhos que levaste
pelo amor de meus filhos que ficaram.

Nasceu-nos um Menino

João Cabral de Melo Neto

De sua formosura
já venho dizer:
é um menino magro,
de muito peso não é,
mas tem o peso de um homem
de obra de ventre de mulher.
É belo porque com o novo
todo velho se contagia.
Belo porque corrompe
com sangue novo a anemia.
Infecciona a miséria
com vida nova e sadia.